对冲基金管理人
操作守则

SOUND PRACTICES FOR
HEDGE FUND MANAGERS

美国管理基金协会 编

张跃文 译

社会科学文献出版社
SOCIAL SCIENCES ACADEMIC PRESS (CHINA)

美国管理基金协会

(Managed Funds Association, MFA)

MFA 是全球另类投资行业的代言人。它的成员是服务于对冲基金、对冲基金之基金和管理期货基金的专业人士以及行业服务的提供者。MFA 创立于 1991 年，是政策制定者和媒体的主要信息来源，也是卓越的业务实践和行业增长的主要倡导者。MFA 的会员包括了世界上绝大多数大型对冲基金集团，它们所管理的资产是全球大约 1.5 万亿美元绝对收益策略投资中的重要组成部分。MFA 的总部位于华盛顿，在纽约设有办事处。（如需更多信息，请访问：www. managedfunds. org. ）

译者简介

张跃文：吉林长春人，经济学博士。2005 年进入中国社会科学院金融研究所工作，现任公司金融研究室主任、副研究员。曾先后在瑞典斯德哥尔摩经济学院和美国纽约大学斯特恩商学院进行访问研究。主要研究领域为资本市场与公司金融。自从事研究工作以来，已主持和参与国家级、省部级课题和由各类金融机构及企业委托的研究课题 20 余项，发表学术论文近 30 篇，出版专著及合著（译著）5 部。获 2008 年中国国际金融学会组织的"国际金融青年论坛"论文一等奖，2010 年中国社会科学院优秀决策信息奖，2012 年金融研究所优秀科研成果奖。

译者序

经常有朋友问我，对冲基金是什么？这并不是一个容易回答的问题。从字面理解，对冲基金是指那些进行对冲操作以规避市场风险的基金。比如20世纪60年代红极一时的琼斯基金，就是典型的对冲基金。随着国际金融市场的迅速发展和大量创新型金融工具的出现，许多基金的投资策略已经不仅仅局限于对冲操作，但是这些基金仍然自称为对冲基金。它们的组织形式庞杂，投资策略迥异，各国法律或者金融监管规则中也没有对冲基金的正式定义。不过业界对于对冲基金的几个特征，似乎并没有太多异议：（1）它以私募方式募集；（2）投资者以高资产净值的个人和机构为主；（3）基本不受监管；（4）信息高度不透明；（5）管理人根据投资业绩提取报酬。此外，还有某些特征虽然不是全部对冲基金都具备，但至少大部分基金具备，比如：采用合伙制，经常使用杠杆和进行卖空，交易频率较高，投资者须遵守某些赎回限制等。根据这样一些特征来考量，那么我国大部分活跃在金融市场中的私募基金，都可以划入对冲基金的范畴。

在20世纪90年代以前，对冲基金并没有成为国际金融市场中的重要角色。是著名对冲基金经理索罗斯在国际外汇市场上的一系列操作，使他及其管理的量子基金进入人们的视野，对冲基金作为一个行业，逐渐受到各国金融业界和监管机构的重视。时至今日，全球对冲基金资产已经接近2.5万亿美元，活跃的对冲基金数量突破了8000只。为什么对冲基金发展如此之快？经过多年研究，我总结主要有以下几方面的原因：第一，20世纪八九十年代，以英美为代表的发达国家金融自由化改革，为多元化机构投资者的崛起创造了条件。各国鼓励金融市场投资的政策，降低了投资者进入市场的门槛，也为大型金融机构开展针对对冲基金的专业金融服务扫清了障碍。第二，全球金融一体化趋势加快，苏联解体、东欧国家政治转向、欧洲经济一体化进程加快以及欧元区诞生等重大经济和政治事件，为各国金融市场融入国际金融体系提供了契机。在此过程中，各国的货币和金融政策自主性降低，国际市场波动对本国金融体系的影响渐深，市场中出现大量套利机会。以短期套利见长的对冲基金，有了一显身手的空间。在整个

90 年代，对冲基金对于英镑危机、拉美货币危机，以及东亚金融危机都有参与。当然，与此有关的指责也频频出现，马来西亚前总统马哈蒂尔就曾指出，以索罗斯为首的对冲基金应为东亚金融危机承担责任。第三，西方金融业强大的资金实力和服务能力，为对冲基金的迅速发展提供了产业基础。常见的对冲基金的管理团队一般只由少数几个人组成，主要负责基金募集、投资策略的制订实施、风险管理和投资者关系等核心业务。至于基金的日常营销、资产稽核、技术支持、合规检查甚至办公室管理等业务大多采取外包方式解决。这种运营模式可以大幅度削减基金运营成本，将管理团队的主要精力集中到投资业绩上来。但其必要条件是承接外包服务的第三方有相应的专业服务能力。此外，担任对冲基金交易对手方的金融机构还需要有较强的资金和证券调动能力，并且能够较好地管理同对冲基金交易所产生的相关风险。英美国家金融业的总体经营能力较强，监管环境相对宽松，这也是对冲基金往往聚集在上述国家的根本原因。第四，迅速发展的国际金融市场，为对冲基金的发展提供了市场基础。进入 21 世纪以来，全球金融市场整合步伐加快，资本市场、货币市场、大宗商品市场、衍生品市场和外汇市场的规模迅速扩大，证券品种、投资工具的数量呈几何级数增长。金融市场的深度和广度达到了前所未有的水平，为对冲基金多元化投资策略的制订和实施提供了充分的可能性和想象空间。综合以上分析，所谓"时势造英雄"，全球对冲基金业是在国际经济金融一体化的大背景下，以及全球金融市场和金融业发展到一定阶段的必然产物。它旨在满足部分投资者规避系统性风险、追求更高投资收益的需求，尽管这条道路并不平坦（对冲基金是平均生命周期最短的投资工具），但是却有越来越多的金融机构、从业者和投资者开始关注这一高风险行业。

一位金融学界的前辈曾经总结说，一家金融机构只有经历了高峰期和低谷期，才算是完整地经历了一个轮回；在繁荣时期过早地总结所谓"成功经验"，不仅表露了好大喜功的浅薄，而且很难全面掌握行业运行的客观规律，为应对未来的困难做好准备。2008年金融危机为全球对冲基金业提供了一次在低谷期历练的机会。这次危机中对冲基金没有受到更多诟病，它们总体上以受害者的形象接受了洗礼（当然也有少数对冲基金经理如华尔街的约翰·保尔森以卖空方式大赚一笔）。对冲基金遭遇资产贬值、债务违约和投资者大规模赎回等事件，大批对冲基金因而难以维继，被迫清盘倒闭，基金经理甚至另谋出路。全球对冲基金管理的资产在危机最严重时曾降到了 1.5 万亿美元。市场经济法则在对冲基金身上以略显残酷的方式展现了威力。然而，似乎为了证明这一行业与生俱来的强大生命力，在危机尚未结束之时，对冲基金业即开始迅速回暖，基金的总体业绩回升幅度超过了市场，一批新基金带着新的投资者和资本加入进来。

对冲基金具有独特的组织结构、投资策略、风险结构和监管环境，其管理人的操作模式自然也不同于其他类型的投资工具。在长期资本管理公司事件发生以后，美国政府和金融界迅速开始重视对冲基金的监管和风险管理问题。作为美国对冲基金行业组织，美国管理基金协会（MFA）自 2000 年起就开始发布对冲基金管理人操作守则，旨在为对冲基金稳健和持续运营提供可行的操作建议。本书所依据的是该操作守则的 2009 年版，该版本在以往各版的基础上，吸收了对冲基金业界对 2008 年金融危机的反思，以及有关国际组织和美国针对对冲基金持续经营所提出的新要求。此操作守则共分七章，分别从投资者保护、估值、风险管理、业务运作、合规、反洗钱和业务持续性等方面，提出了对冲基金管理人在设计基金运作框架和处理具体业务时所应当遵守的基本准则。这些守则是美国对冲基金业界在实践中逐步总结和提炼出来的，反映了对冲基金运营管理的一般性规律。当然，由于美国和中国的法律环境和金融监管环境不同，因此并非每一项守则都适合中国的基金管理人。相信读者对此会有充分的鉴别力。

虽然中国还没有成型的对冲基金行业，甚至共同基金行业也还处在发展的初级阶段，但是正如前文所提到的，国内越来越多的私募基金实际上已经具备了对冲基金的雏形，随着国内金融市场的迅速发育和对外开放，特别是金融衍生产品的不断推出以及融资融券业务的开展，国内金融市场正在变得越来越适合对冲基金生存。相信不久的将来，中国本土的对冲基金行业很快就会粗具规模。在此之前，私募基金经理们和准备从事对冲基金业的金融从业人员，需要为此做好相关知识准备。我们不必在国外同行已经付出惨痛代价之后，继续走他们的老路。阅读和学习MFA的这本操作守则，会让大家在实践中节约大量时间和成本。此外，目前正在从事共同基金管理的人士也有必要看一看这本书，毕竟共同基金业还没有提炼出自己的行业行为规范，而对冲基金的业务操作，特别是在内部管理方面，与共同基金有颇多相似之处，如投资者保护、估值、持续经营、灾难应对、技术支持等。对冲基金那些已经被证明行之有效的业务操作准则，足以作为共同基金从业人士的借鉴。

作为多年研究国际对冲基金的一名研究人员，我深深体会到我国金融体系的总体发展水平和监管能力，尚不足以应对大规模国外对冲基金进入。但随着金融业和金融市场对外开放步伐的加快，留给我们的时间越来越少。任务如此紧迫，这本小书权作抛砖之作，真诚希望有更多人士关注这一研究领域。本人承担了全书的翻译工作。感谢我的学生耿嘉良担任第一读者，他细心地指出了译文中存在的一些问题，使其得以及时纠正；感谢中国滨海金融协同创新中心为本书的翻译所提供的资助；感谢社会科学文献出版社恽薇女士的大力支持，使这本书得以顺利出版。最后，要感谢我的家人，特别感谢我的女儿张为宁，她的出生让我体会到生命的真谛。

张跃文于中国社会科学院金融研究所

2013 年 6 月

目　录

引　言

　　为了会员和全球对冲基金业的利益，管理基金协会（Managed Funds Association，MFA）发布此对冲基金管理人操作守则。这是守则的第5版（以前各版先后发布于2000年，2003年，2005年和2007年），守则帮助对冲基金管理人建立由内部规则、实践和点对点控制所组成的内部管理规则体系。MFA原则上仅为在美国境内运营的对冲基金管理人提出这些建议，但是MFA也意识到对冲基金市场的全球属性，并努力完善这些建议，以使得它们成为全球对冲基金管理人的得力工具。此操作守则已经被对冲基金管理人、投资者、监管者和市场对手方看作是发展和保持有效商业实践的创意之源。

　　MFA决心保持操作守则在更新、牢固和提高对冲基金业卓越标准方面的前沿地位。为此，MFA将视情况更新操作守则，教育包括投资者在内的行业参与者知晓操作守则，以及因地制宜地执行文件中所提建议的重要性。

关于 MFA

MFA 是全球另类投资行业的代言人。它的成员是服务于对冲基金、对冲基金之基金和管理期货基金的专业人士以及行业服务的提供者。MFA 创立于 1991 年，是政策制定者和媒体的主要信息来源，也是卓越的业务实践和行业增长的主要倡导者。MFA 的会员包括了世界上绝大多数大型对冲基金集团，它们所管理的资产是全球大约 1.5 万亿美元绝对收益策略投资中的重要组成部分。MFA 的总部位于华盛顿，在纽约设有办事处。（如需更多信息，请访问：*www. managedfunds. org.*）

公共政策与对冲基金业

2009 年版的操作守则展示了 MFA 及其会员的一贯承诺，并且他们对当前对冲基金面临的监管环境和公共政策问题作出了回应。2007 年 9 月，总统金融市场工作小组（the President's Working Group on Financial Markets，PWG）安排两个由知名对冲基金管理人和投资者组成的私人部门委员会，筹备发布关于对冲基金管理人与投资者操作守则的补充文件。在分头准备的过程中，这两个委员会评估了包括 MFA 2007 年版操作守则在内的行业操作指引，MFA 直接参与和评价了这两个委员会的工作。尽管私人部门委员会报告同 MFA 的 2007 年版操作守则存在明显重合的内容，但 MFA 依然更新和完善了此操作守则，与资产管理人委员会在 2009 年 1 月 15 日发布的对冲基金业操作守则报告相呼应（Best Practices for the Hedge Fund Industry Report of the Asset Managers' Committee，AMC Report）。2009 年版操作守则包括了 AMC 报告所没有的额外建议，特别是关于反洗钱、业务持续性和灾难恢复方面的建议。除了这些建议，2009 版操作守则还包含了对冲基金进行商业操作的总体原则，这些原则构成了文件中提到的具体建议的基础。

操作守则的实施将对基金管理人提高对冲基金的内部管理水平和完善金融市场产生深远影响。设计操作守则的目的是，无论监管权限存在何种差别，该操作守则都能够为所有对冲基金管理人提供一个基础性规则体系，以发展正确的业务操作，促进稳健高效的全球金融市场的形成。

对冲基金在全球金融市场中的地位

对冲基金是全球资本市场的重要参与者，它们的成长和多元化发展有利于市场进步。对冲基金管理人的操作同存款机构和信贷提供者有较大不同。投资于风险资本的对冲基金对资本市场运行具有重要作用：它们为市场提供流动性和价格发现功能；向寻求增长和持续运营的企业提供资本；为养老基金等投资者提供复杂风险管理服务，协助这些基金承担其对受益人的责任。

对冲基金管理人通过对风险资本投资向金融市场提供流动性，这种方式能够抑制市场波动和减少系统性风险，保证市场整体有效运转。从这个意义上说，对冲基金经常扮演风险吸纳者的角色。特别在市场出现波动的时候，它们是风险对冲者的可靠对手方，从而减少市场价格压力并增加流动性。此外，对冲基金管理人的交易通常建立在大量研究的基础上，这些研究可以提供纠正价格的信息，因此对冲基金管理人的交易提高了市场定价效率。没有对冲基金管理人的研究和资本保证，市场将出现更大的价差，更显著的定价失效和低流动性。对冲基金还帮助投资者实现了有价值的分散投资——分散投资能够减少单个投资者的风险和市场整体风险。事实上，政策制定者一直都承认对冲基金对于资本市场的重要作用。

（对冲基金的）快速增长是过去十年来美国金融市

场最重要的发展成果。不同的对冲基金的投资策略和所承担的风险有较大不同。多数经济学家赞成这样一种观点,即总体而言,对冲基金的增加对于投资和发展金融市场的作用是正面的。近年来,他们刺激产生了大量金融创新;他们运用这些新的金融工具,极大地改善了金融体系的流动性、效率和风险承受力。

——美联储主席伯南克于 2007 年 4 月 11 日在纽约大学商学院发表的评论。

操作守则和相关措施的历史

一些对冲基金管理人在 2000 年发布了本操作守则的第一版。作为对 1999 年总统金融市场工作小组报告(《对冲基金,杠杆和长期资本管理公司的教训》)的回应,该版本内容主要集中于对冲基金的风险管理。MFA 又相继发布了 2003 年版和 2005 年版操作守则,以反映行业操作的新发展和扩充操作守则的内容。2007 年版的操作守则直接回应了总统金融市场工作小组与美国金融机构负责人达成并于 2007 年 2 月公布的、关于私募资本投资机构的原则和指引的协议。协议要求对冲基金管理人"建立信息、估值和风险管理系统，以适应稳健的行业操作要求，满足债权人、交易对手方、受托人和投资者的期望"。

作为持续教育推广操作守则的组成部分，2008 年 MFA 在全国范围内组织了一系列教育研讨会。这些研讨会吸引了对冲基金管理人、投资者、金融监管者和其他的行业参与者，引发了关于操作守则和不断发展的行业实践的讨论。

2009 年版的操作守则是在 MFA 会员的广泛讨论和协作的基础上形成的。这些会员包括了主要的对冲基金管理人，服务提供者和其他的行业参与者。

当前的金融和监管氛围

2007 年版的操作守则发布以后，全球金融市场出现了显著的波动和不确定性，对包括对冲基金在内的所有市场参与者都产生了不利影响。交易对手失败，大量针对受到严格监管的金融服务公司的政府救助措施，大规模诈骗，空前损失等现象的出现，更加突出了商业操作守则（包括风险管理）和投资者尽职调查规范的重要性。为了回应这些异乎寻常的市场事件，全世界的政策制定者、监管者和国际监管机构开始深入讨论如何重建有效的金融体系和恢复资本市场的运作秩序。MFA 同政策制定者和监管者在提高市场稳定性和推广商业操作守则方面积极合作，我们不断呼吁全球政策制定者、监管者和市场参与者优先考虑保持协调对话。

操作守则回应了国内外公共部门对于加强市场自律的要求。但是 MFA 也意识到任何行业规范都不可能解决困扰资本市场的所有问题。我们为持续推广操作守则所做的努力，及与政策制定者、监管者、交易对手和其他行业群体的长期合作，将有助于实现总统金融市场工作小组提出的关键性目标，即"强化市场自律，降低系统性风险，增加与投资者保护有关的监管措施，充实监管力量提高市场的完善程度"。

2008 年 11 月 15 日，20 国集团领导人在华盛顿召开了金融市场与世界经济峰会，就私募资本投资工具的操作守则发布了以下声明：

> 已经形成了私募资本投资工具和（或）对冲基金操作守则的私人部门，应当在 2009 年 3 月 31 日以前提出统一操作守则的建议书。财政部长们应评估建议书的适当性，总结监管机构、扩大的"金融稳定论坛"和其他相关实体所作的分析。

——20 国集团峰会声明

2009 年 3 月 14 日，20 国集团发布了 11 月 15 日峰会所作决定的进度报告，报告中提到了 MFA 和其他行业组织决心共同制定一系列行业通行准则这一行动，2009 年版操作守则将有助于制定这些准则。

为响应 20 国集团和国际证监会组织的要求，支持透明、稳定和有效率的全球金融市场，MFA 通过发布 2009 年版操作守则以及同美国以外的行业组织积极合作，迈出了统一行业操作守则的第一步。

操作守则的目标

1. 通过可靠的内部规则和操作制度体系，完善对冲基金行业操作。2009 年版操作守则的目的是统一对冲基金业和金融服务业的内部控制标准。操作守则超越了美国法律和监管规则的要求，而且同 AMC 报告相协调。高质量的行业操作守则是有效监管和完善金融体系的重要组成部分。采纳操作守则中的建议将有助于对冲基金管理人提高其运营管理能力，更好地履行对投资者的责任，遵守相关监管规则和处置突发的市场事件。

2. 由于对冲基金存在较大的个体差异，因此鼓励对操作守则的个性化评估与应用。对冲基金的策略、投资方法、组织结构和资产管理的规模有较大不同。因此 MFA 在撰写每版操作守则时都注意兼顾针对性和充分的灵活性，从而为不同类型的对冲基金都能提供有意义的指引。

MFA 不可能代替基金管理人决定是否执行或者如何执行某项具体建议。操作守则中的建议不是静态的和绝对的，不要求对冲基金管理人必须以完全相同的方式执行。每位对冲基金管理人应当根据文件中核心规则的要求，以及基金的规模、特性、组织复杂程度、策略、资源情况和基金的目标来评估、调整和采纳这些建议。

在 AMC 报告中，PWG① AMC② 表达了以下原则：

> 考虑到对冲基金在规模、策略、产品和其他特性方面的显著差异，AMC 认为对操作规模的使用会不可避免地存在差异……为了有效保护投资者和减少系统性风险，对冲基金管理人的操作守则必须考虑到这些差异的存在。

---

① PWG，是 "President's Working Group on Financial Markets" 的缩写，即美国总统金融市场工作小组。——译者注
② AMC，是 "Asset Managers' Committee" 的缩写，即 PWG 下属的资产管理人委员会。——译者注

对冲基金管理人可能比较容易单独执行某些建议。但是其他一些建议的执行则可能需要周密地规划，充分的预算保证，内部体制变革，基础设施的发展和（或）第三方提供的服务和专业知识。一些基金管理人可能安排专门人员落实操作守则提出的每一条建议，其他一些小型基金或许仅能安排兼职人员落实建议，但仍然可以实现操作守则提出的目标。基金管理人可以将操作守则视为进行周期性自我评估的工具，同时也可以作为评估建议执行效果的工具。

3. 增强全球金融体系的市场自律力。通过评估和采纳符合其特定商业模式的操作守则，对冲基金管理人能够不断改进业务操作，从而更好地保护投资者，促进市场整体稳定。

关于对冲基金，对冲基金管理人和投资者的一般性认识

对冲基金的定义。对冲基金不存在法律或者监管定义。历史上，对冲基金特指那些有能力对冲其资产价值（例如采用期权或者同时进行多空操作）的投资实体。目前，对冲基金包括了在资产规模、策略、商业模式和组织结构上

有很大不同的各类投资实体。一些对冲基金可能根本不进行对冲操作（例如一些对冲基金仅仅执行"买入并持有"策略或者其他不包括传统意义上的对冲操作的策略）。

出于对操作守则目标的考虑，MFA 如下定义对冲基金。

满足以下条件的集合投资实体：（1）不面向公众发行（仅进行私募发行）；（2）投资者主要限于高资产净值的个人和机构；（3）不是法律意义上的投资公司；（4）基金资产由专业投资管理公司进行管理，管理人在某种程度上依据投资业绩获得报酬；（5）投资者拥有定期但受限制的赎回权。

MFA 所定义的对冲基金，不包括传统的私募基金、风险投资基金和房地产基金，但 MFA 意识到了某些对冲基金在发行文件中设定了同这些基金相同的投资策略。

对冲基金及其管理人的关系

MFA 在制定操作守则时假定对冲基金及其管理人存在如下关系①：

①　不同的对冲基金，其特性、结构及其与基金管理人的关系有很大不同。这些假定可能并不适合所有的基金和基金管理人。根据操作守则的目标，MFA 假设对冲基金管理人会采纳每一项适用其所管理基金的相关建议。

·1·每只对冲基金都由专业的投资管理公司（对冲基金管理人）来管理。

·2·对冲基金管理人包括在美国证监会注册的投资顾问和在《投资顾问法》下拥有豁免权的机构。

·3·对冲基金管理人是由一个人或者一些人通过管理委员会、董事会或其他载体来管理的法人实体，它也可以由隶属于管理人且具有指挥和监督管理人行为权责的官员们或者成员们直接管理（即基金管理人的"治理载体"，Governing Body）。

·4·对冲基金管理人治理载体的组织构成文件是"治理文件"（Governing Documents）。

·5·对冲基金管理人的高级管理人员指首席执行官，首席财务官和其他位于对冲基金日常运营最高决策层的人士。

·6·对冲基金管理人的治理载体拥有合法权利与责任对对冲基金的活动进行指挥和监督。

·7·对冲基金的治理载体可以是基金管理人，可以是基金管理人的附属机构（如普通合伙人或者基金的管理成员），也可以是依照投资管理协议承担基金投资管理职能的独立实体。

根据以上假定，对冲基金管理人的客户是对冲基金。即便对冲基金管理人同基金投资者有关联，管理人仍然仅依据基金发行文件中注明的投资策略和目标向基金提供投资建议，而不受任何单个基金投资者特定目标或者指令的影响。

如前所述，对冲基金管理人在一定程度上根据其所管理的对冲基金业绩获取报酬，他们通常直接投资于这些基金。这一结构将对冲基金其他投资者和基金管理人结成利益联盟。

对冲基金及其投资者的关系。某些法律文件，包括基金发行或者配售备忘录、有限合伙制企业或者有限责任公司协议、认购协议或者类似的协议（共同成为发行文件的组成部分），可以约束对冲基金和投资者的关系。不论投资于美国的有限合伙公司或者非美国的公司制企业，投资者一般都是无权参与基金管理的被动参与者，选举权也受到限制。对冲基金投资者所承担的责任上限通常不高于其在基金中的投资。

如前所述，虽然对冲基金管理人的客户是对冲基金，但它通常与投资者就基金投资目标、策略、投资期限和条件进行交流。

美国法律和监管规则要求对冲基金投资者——无论是机构还是个人——必须满足某些条件，例如资产净值和其他的财务成熟度标准。为了更好地保护投资者，某些机构投资者（例如养老金计划和捐赠基金）的管理人，对于是否从计划受益人的利益出发而决定机构对对冲基金或其他工具的投资这一情况而言，承担着法律责任。MFA 一向坚定支持这一做法。无论司法权归属何地，投资者都应当有能力理解和评估自己在对冲基金中的投资和相应的风险。PWG 协议也支持这一做法。

通过仅向成熟投资者开放对冲基金投资的市场自律和监管规则，能够最有效地解决投资者保护问题。

——PWG 协议　第 2 条

对冲基金管理人也不希望投资者承担超过其自身承受能力的风险。同样，投资者在决定投资以前，通常也会对对冲基金及其管理人进行大量的尽职调查（以避免过度承担风险）。

操作守则的构成

第一章：对冲基金管理人为履行对基金投资者的义务，

向投资者和交易对手所进行的信息披露及其他操作。

第二章：估值规则和程序的执行，估值职能的治理和监督。

第三章：确保对冲基金管理人的风险规则得到遵守的风险度量、监控和管理体系。

第四章：关于对冲基金管理人核心交易和商业操作的规则和程序。

第五章：建立包括合规规则在内的合规文化，以保证遵守监管规则，管理潜在的和现实的利益冲突。

第六章：制定反洗钱程序。

第七章：制订商业持续性和灾难恢复计划。

此外，此操作守则还包括以下两个附件①：

附件一：关于对冲基金管理人风险监控操作的补充信息（对第四章的扩展）。

附件二：对冲基金投资者尽职调查问卷样本（包括对冲基金管理人经常被当前和潜在投资者问到的问题）。

---

① 守则原文共 7 个附件，出于契合国情和化繁为简的考虑，中文版仅收录了其中 2 个附件。——译者注

本操作守则不能代替法律和其他专业建议

操作守则不能够代替专业建议。本文件并非面面俱到，也不涵盖对冲基金管理人必须遵守的全部法律规定。对冲基金管理人在决定守则中所提建议是否适用于其商业运作和具体执行办法的时候，应当咨询专业的法律、会计、合规、税务和其他专业顾问。

致谢

MFA 感谢对冲基金顾问委员会（Hedge Fund Advisory Committee，HFAC）下属的操作守则发起人小组委员会，感谢我们的战略合作伙伴和赞助会员操作守则委员会，他们协助准备了 2009 年版的操作守则。MFA 还感谢 WillkieFarr & Gallagher 有限合伙公司在守则起草过程中提出的建议。

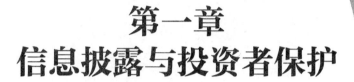

第一章
信息披露与投资者保护

信息披露规则体系

守则一

对冲基金管理人应当建立用于向投资者发布重要信息的信息披露规则体系。信息披露应当保持足够的频率和详细程度，所披露的信息应包括财务、风险信息和潜在的利益冲突等方面，使投资者能够：（1）在充分知情的前提下，制定与基金投资有关的决策；（2）恰当地监督和管理与基金投资有关的风险敞口。[①]

稳健的信息披露规则体系对于保护投资者利益至关重

[①] 所有面向对冲基金当前和潜在投资者的信息披露活动，如采取发放资料或其他交流方式，均受到《投资顾问法》第 206 条反欺诈规定及其派生规则的约束。特别是 206（4）M8 规则禁止向包括对冲基金在内的集合投资实体的投资者和潜在投资者进行错误或者误导性陈述。

要。该规则体系也应当包括向交易对手方提供信息的行为指引，此类信息披露应符合有关保密要求。

守则二

规则体系应当包括提供给投资者的信息种类、提供方式和频率（信息披露可以采用多种形式进行），具体包括：

- 发行文件或者基金认购说明书。
- 经审计的年度财务报表。
- 业绩信息。
- 投资者报告和其他报告（如风险报告）。
- 特定情况下的定期重要信息披露。
- 潜在利益冲突的信息披露指引。
- 对冲基金投资者资格的指引。
- 交易对手方信息披露指引。

发行文件中的重要信息披露

守则三

对冲基金管理人应当在投资者正式认购基金之前，向潜在投资者提供基金认购说明书，或者其他发行文件，或者充分的补充资料，以允许投资者在形成投资决策前能够依据充分信息进行考虑。

1. 准备接受新投资的对冲基金管理人，应当至少每年更新或者补充一次基金认购说明书，以反映基金的持续发展情况；或者由于发生重要变化导致基金管理人在原说明书中提供的信息可能不准确或误导投资者的情况下，提高基金认购说明书的更新频率。

2. 任何基金认购说明书的更新版都应提供给所有投资者，或者以其他方式将有关变化通知现有投资者。如果一只封闭的对冲基金重新开放，应当评估更新基金认购说明书的必要性，以反映基金前次接纳新投资以来的变化。

守则四

基金认购说明书应概述对冲基金操作的基本情况，包括其投资哲学、策略和产品，基金投资的重大风险，以及帮助投资者制定投资决策等方面的其他必要信息。

1. 提供给投资者的特定信息类型，会因对冲基金的策略和（或）结构而不同。

2. 在确定基金认购说明书的内容涵盖范围和向投资者

披露的信息内容时，如果已知披露某些信息可能会对基金或其投资者产生不利影响，基金管理人应当考虑信息保密的重要性。

3. 基金认购说明书应当至少包括但不限于以下信息（信息重要且同对冲基金密切相关）：

- 对冲基金的法律结构，包括组织的司法管辖权和基金管理人的控制。

- 对冲基金的投资目标、策略和可投资的资产类别。

- 关键投资管理人员和基金的其他高级管理人员信息，包括：

（1）履历（包括相关的教育、从业经历和其他商业活动）。

（2）任何严重违反证券或投资法律或监管规则的行为记录，任何同失职有关的违纪行为记录。

基金发行材料中涉及的重要信息披露

- 涉及投资者的内容，包括：

（1）适用的收费项目，包括对冲基金管理人的报酬构成（如激励性酬金或者收益分成的安排和管理费）。

（2）支出安排，如研发、法律费用和差旅费（哪些费用由对冲基金担负，哪些费用由基金管理人担负），包括管理人安排非现金性支出的规则。

（3）投资者提款权或者赎回权及有关的限制性规定（包括提款支付和预通知规定，锁定期，通知要求，提款罚金上限，暂停提款规定，包括变更赎回期的其他赎回限制）。

（4）对冲基金是否会向基金管理人的附属机构支付费用？如果是，对方提供的是哪类服务？

（5）对冲基金管理人的交易安排。

（6）对侧袋账户的使用规定（如果存在侧袋账户的话），包括将头寸转入或者移出侧袋账户的条件，以及收费依据。

（7）对冲基金和基金管理人各自承担的对对方的义务和赔偿责任。

（8）对冲基金管理人职业操守的主要内容。

（9）对冲基金管理人向投资者提供信息和财务报表的制定框架。

• 关于对冲基金管理人估值规则基本原理的论述，例如：

（1）依据通用会计准则（GAAP）或者国际财务报告准则（IFRS）等类似会计原则，运用公允价值进行估值和计算资产净值的具体方法。论述应明确使用非 GAAP 方法计算和报告资产估值、费用、认购或者赎回的有关规定。

（2）第三方的作用，包括对冲基金行政管理人在内的、直接参与头寸估值的任何第三方机构或人士。

（3）对冲基金管理人的估值规则和保证估值规则得以执行的措施，例如建立估值委员会。

（4）为基金头寸估值的方法论，包括对每一类资产估值的方法，对侧袋账户资产估值的方法，以及内部和外部定价资源的使用。

（5）对冲基金管理人在估值过程中缓解潜在利益冲突的途径（包括组合管理者的参与方式）。

• 与对冲基金投资有关的风险，例如：

（1）对冲基金对管理人的激励性报酬（或者收益

分配）的安排。

（2）对关键投资人员的依赖及潜在损失。

（3）对冲基金投资策略成功保证的缺失。

（4）特定策略或者投资工具和市场的特殊类型。

（5）头寸的估值，包括对没有明确市值的头寸的估值。

（6）流动性限制和潜在的赎回限制，包括赎回率，侧袋账户，暂停赎回和非现金性分配。

（7）杠杆和保证金的使用（包括嵌入衍生工具的杠杆）和可能的资金损失。

（8）经纪人和其他对手方的信用风险敞口及潜在损失的影响。

（9）投资者对于对冲基金管理人自由投资决策权的依赖程度。

（10）根据基金认购说明书，对冲基金管理人拥有在不同策略和工具间安排投资的灵活性。

（11）置于外国司法管辖权下的投资。

（12）监管视野范围及其缺失。

（13）对冲基金管理人执行投资策略，风险敞口，杠杆和管理对冲基金其他风险要素的灵活程度。

（14）除已披露的信息外，当投资策略、风险敞口、杠杆和对冲基金其他风险要素发生变化时，（对冲基金管理人）所作的额外信息披露。

（15）与投资策略或者产品有关的其他因素，这些投资策略或者产品使对冲基金投资出现投机或者风险度提高的倾向。

●对冲基金运作中的潜在利益冲突（例如非现金性支出安排，同主经纪人、其他对手方和服务提供商的关系，投资者推荐人的佣金安排，对冲基金管理人在其他基金或者账户的利益）。

●同税法、雇员退休收入证券法等法律和监管规则有关的事务，包括为执行 K-1s 表的条款安排时间。

●基金行政管理人或者第三方估值服务提供者的身份。

●使用主经纪人或其他借贷渠道的情况。

对投资者的责任

守则五

对冲基金管理人应建立信息披露控制规程，确保及时准确地向投资者传达重要信息。

1. 对冲基金管理人应建立一个委员会或者指定雇员全权负责信息披露工作，确保相关文件的准确性和一致性。

2. 对冲基金管理人应建立更新和发送投资者及监管者所需信息的程序。

3. 如果对冲基金管理人是注册投资顾问，该程序应符合管理人的 ADV 表的更新要求。

守则六

对冲基金管理人的信息披露规则体系应包括一些工作准则和规程，这些准则和规程可以保证管理人定期和持续地向投资者提供及时更新的重要信息，以协助投资者运用这些信息形成投资决策。

1. 管理人和投资者的沟通方式和内容应当符合管理人和有关对冲基金的结构，符合本节所提出的原则。在某些情况下应注意保密，以免信息外泄对投资者和基金的利益造成不利影响。

2. 更新的信息可以通过多种方式传递给投资者，具体方式由信息的性质决定（例如，信息是否同对冲基金的重要变化有关，或者仅是规则要求的定期和持续披露的信息）。

3. 如果对冲基金管理人寻求变更对冲基金的目标, 策略或其他已定条款, 管理人应根据变更的重要程度、管理人的目的以及此前已向投资者提供的信息, 决定是否有必要通知投资者和取得投资者的一致意见。

4. 对冲基金管理人应考虑向投资者通报以下类型信息:

• 投资者信件或其他类似文件——对冲基金管理人可以自主决定投资者信件 (或其他类似文件) 的形式和写作风格 (一般至少每季度发布一次), 但一般应当包括同对冲基金发展有关的最新信息, 例如:

(1) 投资策略和关键风险敞口的显著变化 (如市场、信用、杠杆、流动性和操作风险);

(2) 重要人事变动;

(3) 业绩信息及对冲基金管理人认为适当和有用的例证或陈述;

(4) 与对冲基金有关的商业、市场或其他方面的重要发展。

• 风险报告——承受风险的程度和风险管理方法是对冲基金管理人投资方法的组成部分。对冲基金管理人应当向投资者披露风险管理方法和投资者应了解的其他有关信息。对冲基金管理人应向投资者定期通报与对冲基金及其投资策略有关的风险信息（通常至少每月一次），例如以下信息：

(1) 所管理的资产；

(2) 风险管理（包括适当的定性论述），包括：

　　(a) 资产类别；

　　(b) 地理分布；

　　(c) 对冲基金使用的杠杆（包括计算杠杆的财务基础）；

　　(d) 持仓集中度；

　　(e) 资产配置的重要变化。

• 与业绩相关的财务信息——定期业绩报告可以采用多种形式，但应按照对冲基金经理根据基金和信息性质确定的频度进行发布。发布信息的时间和内容应包括：

(1) 定量信息；

　　(a) 根据美国通用会计准则和国际财务报告准则制作的、经审计的年度财务报表；

　　(b) 对冲基金的预期业绩（至少每月一次），

可以不包括其他已发生的支出和计入资产净值的项目（例如，可以不包括应付费用和利息）；

（c）每位投资者的基金资产净值（通常每月一次），应在考虑应付费用和利息以及交易损益的前提下，反映每位投资者的资本账户余额或者基金份额价值。

（2）关于对冲基金业绩的定性信息。鉴于财务报表仅能对定性论述提供有限支持，可以通过叙事性陈述帮助投资者更好理解报告期内基金的财务表现。陈述可以采取对冲基金管理人认为合适的任何形式（如投资者信件，年度总结等），但应包含影响基金业绩的各个因素。

• 与投资有关的财务信息——除业绩信息外，对冲基金管理人应提供帮助投资者了解有关对冲基金头寸估值风险的信息（如基金头寸变动的可能性）。为执行财务会计准备委员会第 157 号声明（FAS 157）及相关规则，管理人需要与审计人员密切协作。对冲基金管理人应至少每季度公布一次其投资低流动性和估值困难的资产情况，包括：

（1）对冲基金组合中进入 FAS 157 规定的各估值

层级的资产比例[①]；

（2）在 FAS 157 的基础上，对冲基金管理人通过披露进入 FAS 157 第一层级和第二层级的资产，披露进入第三级资产所形成的已实现和未实现损益。

如果对冲基金管理人认为适当，可以同审计人员和法律顾问讨论应当如何向投资者提供业绩信息（例如在净值还是在总量基础上的业绩指标）以及自己的度量方法。此外，对冲基金管理人应明确信息披露方式是否会根据头寸和资产层级而有所不同。

● 报价——如果认为有必要，对冲基金管理人应披露依靠单方报价的资产组合价值比例，和依靠多方报价的比例。

● 特别事件报告——在某些情况下，应向投资者报告特别事件的发生或者相关的最新信息。其报告的及时性应高于对冲基金管理人信息披露制度的一般要求。

---

① FAS 157 建立了一个"公允价值分级制度"，用于区分一项资产或负债的公允价值的报价类型。进入各层级的资产或负债的公允价值度量方法有所不同。一项资产或负债应进入哪一层级，是由总体上显著影响公允价值的最低报价决定的。

（1）与其他信息披露内容一样，对冲基金管理人在考虑是否向投资者披露特别事件信息时，应充分评估事件的重要性。在决定信息披露的时间和形式的时候，对冲基金管理人应考虑以下因素：

（a）信息的性质。

（b）对冲基金投资计划。

（c）披露这一信息是否会影响对冲基金的竞争地位或者管理投资组合的能力。

（d）目前对冲基金是否接受申购或者赎回。

（2）根据具体情况，以下信息应及时向投资者报告：

（a）对冲基金估值规则的改变。

（b）关键投资岗位的人员变动（如合伙人和首席官员），或者正常商业运营过程中的关键第三方服务提供商的变动（如基金行政管理人）。

（c）对冲基金管理人的投资或者其他关键岗位人员简历或违纪信息的变化。

（d）在某些情况下，对冲基金与某些投资者的个别协议或者平行管理账户，有可能对其他投资者产生不利影响。

（e）可能对对冲基金产生负面影响的运营问题。

（f）发现对冲基金管理人或重要服务提供商的欺诈行为或者不道德行为。

（g）可能明显影响对冲基金业绩的市场事件。

守则七

对冲基金管理人的信息披露制度体系用于为全体投资者提供一致信息。

1. 在提供勤勉尽职的信息方面，对冲基金管理人可以考虑建立自己的陈述标准。如果不能选择性地在投资者中披露重要信息，基金管理人可以采用不同的陈述方式，或者在尽职调查评论过程中或咨询过程中，单独回答投资者的问题。

2. 如果接到投资者额外的信息披露请求或者对已知信息进行澄清的请求，对冲基金管理人应考虑是否同意披露。如果认为适当，管理人应让所有投资者知晓这一信息。

潜在利益冲突——个别协议和平行管理账户

个别协议

个别协议一般是指基金管理人同单个投资者签订的协

议，该协议允许管理人仅向此投资者提供某些信息，授予某种代表权，或者设定其他投资者不享有的投资条款。个别协议的使用经常可以惠及对冲基金的所有投资者（例如可以在早期吸引到大型战略投资者），或者不影响其他投资者。但在某些情况下，个别协议条款可能会对基金中的其他投资者构成潜在不利影响。

守则八

在个别协议可能对其他投资者产生不利影响的情况下，对冲基金管理人有必要让其他投资者了解个别协议对其投资的不利影响。

1. 对冲基金管理人应以自认为合适的方式，披露包含以下条款的个别协议，这些条款一般会对其他投资者产生不利影响。

2. 更强的控制权（例如在投资决策使用或变更关键人员方面的权力）。

- 透明度。

- 优先流动性或赎回权，"关键人"条款和赎回限制豁免权。

● 优惠费率。

● 可能实质性改变发行文件中载明的投资计划的条款。

● 可能影响投资配置的条款。

其他管理账户

平行管理账户是对冲基金管理人为特定投资者建立的独立于对冲基金的账户，投资者通过该账户进行与对冲基金相似的投资。投资者出于多种原因使用平行管理账户，例如满足某些监管要求；或者附加某些投资限制，这些限制没有包括在对冲基金其他投资者一致同意的投资计划中。

守则九

对冲基金管理人应分析，平行管理账户的条款是否会对对冲基金投资者产生负面影响，并就可能产生的影响向投资者进行必要的通报。

● 在这种情况下，适用个别协议的信息披露原则。

对冲基金管理人可能管理着与投资策略相似的多只基

金，这可能产生与平行管理账户类似的问题。

投资者的参与

守则十

对冲基金管理人应评估并求证：根据对冲基金的结构，投资者资格是否符合相应的法律标准要求。

基金认购协议应注明投资者是否具有合格资质，说明投资者是否符合《证券法》、《投资公司法》和其他适用的美国及非美国注册要求所涉及的特定豁免标准。对冲基金管理人应获得投资者关于理解对冲基金投资重大风险的表示，例如：

●投资者已收到并理解对冲基金认购说明书及配套文件的内容，有机会获取额外信息并向基金管理人提问，投资者正是基于这些文件和独立调查情况制定了独立的投资决策。

●投资者拥有必要的金融和商业事务经验与知识来评估投资的优点和风险，并能承受这些风险。

●投资者理解对冲基金的投资和运作规则，包括最低投资额，赎回权，流动性条款，资产配置和费率结构，以及对冲基金管理人认为适当的其他规则。

面向对手方的信息披露

守则十一

对冲基金管理人应培养与信贷对手方（包括首席经济人，派生对手方和其他债权人）的积极合作关系，以便双方充分评估与此关系有关的风险。

1. 根据双方关系的范围和性质，对冲基金管理人和对手方应在关系确立之初即明确应披露的信息类型和相应的透明度。信息类型可以包括：

- 关于对冲基金投资策略和资产配置的定性及定量信息。
- 对冲基金管理人的风险管理框架（包括管理市场风险和流动性风险的方法）。
- 关于对冲基金业绩和资产净值的定量和定性信息。

2. 在信息披露过程中，对冲基金管理人应协助对手方理解信息，包括根据对手方的要求派遣投资管理和其他关键岗位人员回答对手方的尽职调查问题。

3. 在某些情况下（如可能影响对冲基金策略和业绩的市场疲弱期，包括市场动荡期和信贷紧缩期），对冲基金管理人应考虑是否适当增加同对手方的交流。

4. 关于面向对手方的信息披露，对冲基金管理人应当通盘考虑对手方的信息防火墙和功能分离规则，考虑是否应当在对手方合同中加入保证条款，要求对手方仅将基金管理人提供的财务和其他保密信息限于信用评估和其他可接受的用途，对手方的交易平台或部门的任何成员都不能得到这些信息。

第二章
估值

估值框架

守则十二

对冲基金管理人应建立完整的综合估值框架，对基金投资组合中的全部资产进行清晰和持续的估值，同时减弱估值过程中的潜在冲突。该框架应包括：

● 治理机制，如估值委员会或者其他责任实体（个人）；这一实体或个人对以下事务承担最终责任：

(1) 建立和评价对冲基金管理人估值规则的合规标准；

(2) 持续并客观地监督和执行管理人的估值规程；

● 由对冲基金管理人负责的清晰估值规程的发展，估值豁免指引和检测及评价估值规程合规性的指引。

● 获得充分资源支持的富有经验和独立的工作人员，这些人员同组合管理人员隔离并且不直接向对方报告，他们负责审核对冲基金的投资头寸及基金管理人规程的执行。

估值治理机制

守则十三

对冲基金管理人应建立估值治理机制，如估值委员会或者其他责任实体或者个人，该责任实体或者个人对于建立和评价估值规则的合规性以及估值功能本身负有持续客观监督的责任。

1. 估值委员会成员应包括对冲基金管理人全部适合的重要高级管理人员（例如首席执行官和首席财务官，他们中有人可能会负责组合管理工作）。

2. 估值委员会应认可估值。这可以理解为委员会不评价基金组合中的单项投资，但会确定估值规则中的方法论得到遵守。此外，委员会应对估值规则中的重要调整和例外情况进行评价。

3. 虽然组合经理或者交易员可能参加估值委员会，但该委员会应适当独立于组合管理和交易部门。在减轻这些人员的参与所造成的潜在利益冲突的前提下，委员会应尽量利用他们的经验。估值委员会成员应总体上理解对冲基金管理人的业务，包括但不限于所交易金融工具的范围和复杂性，基金治理和发行文件中的规定，以及流动性条款。

4. 估值委员会的地位和作用应建立在对冲基金管理人和对冲基金的结构、投资策略和投资组合的基础上。典型的估值委员会职能应包括：

- 开发各类投资头寸估值的方法和资源，分析此类方法和资源的重要变化。

- 复核和批准对冲基金管理人对 FAS 157 估值层级内资产的分类指引和规则。

- 在特定资产的估值依赖经纪商报价的情况下，复核包括报价来源（对手方，交易商或者其他来源），近期交易和异常值，报价的性质（如报价是不是指导性价格或者实盘报价），获得报价及根据基金行政管理人记录调整报价的过程（这一过程已被准确记录）。

- 至少每季度复核一次对冲基金组合的最终估值（可能的话，还要复核基金行政管理人或者第三方估值顾问对估值做出的重要调整）。

● 应保存估值委员会会议记录，并酌情向审计人员提供副本。

● 确定某些个人或者群体有承担责任，或者复核某些估值决策和功能的能力。

守则十四

估值委员会应至少每年一次复核、测试或者审查对冲基金管理人的估值规程，以确保：（1）根据适用法律、监管规则、行为指南和其他外部约束条件，估值规程完全可以实现预期目标；（2）估值规程的功能与原计划一致；（3）所有相关人员均理解其在当前估值规程中所承担的任务。

1. 应至少每年进行一次复核，如有重要事件发生（如对冲基金投资策略、资产的地理分布和类别，使用的金融工具或者内设部门的改变，或者市场条件或某类头寸报价信息有效性的改变），则应增加复核次数。复核应解决以下议题：

● 估值规程的公正性。

● 对冲基金管理人的有关人员持续、公正和准确应用估值规程的能力。

● 参与估值的第三方服务提供商的选择和监督（包括基金行政管理人和第三方估值顾问），服务提供商持续、公正、准确地应用和验证基金估值规程的能力。

● 对冲基金管理人使用的估值方法及其依据市场条件（包括低流动性市场）和报价进行的适当调整。

● 应用对冲基金估值规程的重要例外情况（例如，实质性的价格重定）。

2. 对冲基金管理人如果使用不基于市场报价的活跃证券定价模型或其他定价方法，估值复核应包括适当的估值人员或者第三方服务提供商所进行的周期性后向测试。可能的话，将估值样本同投资头寸的近期售价相比较。此类分析可以帮助估值委员会检验模型质量和内外部估值流程。后向测试特别适合 FAS 157 资产分级制度中处于第二层级和第三层级的资产。后向测试应重点识别估值和当前售价的趋势性变化，而不是单个投资头寸的估值准确性。由于后向测试的固有缺陷（在市场疲弱期这些缺陷更加明显），总体分析应允许估值与现价差别的存在。

守则十五

估值委员会应有充分权力和资源履行监督责任。

在理解和评估新会计要求对公允价值的影响，和不清楚如何针对某些投资头寸、特定因素和环境使用估值规则的时候，估值委员会应有权力和资源向对冲基金的独立审计机构适度咨询。

估值规则的执行

守则十六

对冲基金管理人应有熟练和合格的内部人员（可以同时为基金从事其他工作）或者合格的第三方机构每天执行估值规程。

1. 承担估值任务的工作人员应根据估值规则对组合进行适当定价，收集和评估对手方价格、经纪商报价、交易价格和第三方提供的定价。

2. 尽管组合管理人员可能凭借其业务专长参与估值分析和估值方法的制定，对冲基金的估值职能仍应与组合管理职能适当隔离。隔离程度根据利益冲突的性质（如以业绩为基础收取管理费的方式）、估值过程的复杂性和内在自由裁量权等因素而有所不同。估值结果应获得估值委员会的认可。

3. 如果组合管理人员认为一项投资的估值不适当，基金管理人应有适当的规则缓解组合管理人员和估值人员之间的冲突。例如，管理人可以建立组合管理人员质疑估值结果的程序。通过这一程序，估值委员会成员在充分考虑了估值人员和组合管理人员的定价依据以后，决定该项资产的最终估值结果。

4. 在使用第三方估值服务的情况下，对冲基金管理人应通过首次和周期性尽职调查等方式对第三方服务提供商进行恰当的监督。

估值规程

守则十七

对冲基金管理人应采用易于理解的书面估值规程。这些规程应符合行业操作规范的要求，能够对对冲基金全部资产进行公正、持续和可检验的估值。

适当的估值规程对于设计对冲基金管理人的组合估值

程序和保证该程序的使用效率来说至关重要。估值框架的设计应始终坚持估值规程，并为投资者和第三方清楚认识规程的局限性提供必要的信息。

守则十八

对冲基金管理人的估值规程应说明估值程序的内部和外部参与方。

包括所有外部参与方（例如基金行政管理人或者第三方估值公司），估值委员会成员和日常负责执行估值规则的人员。对于外部参与方，对冲基金管理人应清晰描述其地位和责任（特别是进行组合估值的行政管理人和不能独立证实头寸价格的第三方的责任），并进行适当监督。

守则十九

对冲基金管理人的估值规程应明确各类投资的适当估值方法。

1. 在初次获得一项特定资产的同时，就应当确定估值方法并持续应用。如果对冲基金管理人开始从事某类新型投资，其相应的估值方法应获得估值委员会的认可，成为估值规则的组成部分。如果投资的改变导致估值规则的变化，这一变化也应获得估值委员会的认可。

2. 估值方法应包括各类投资头寸的报价资源，估值过程中报价资源的优先使用次序和使用程序，例如：

- 交易所和活跃的 OTC 市场的自动报价（如针对交易证券的估值）。

- 被市场参与者广泛接受的模型和基于同类活跃交易资产和负债的市场价格指令的模型（如基于公司债券或者交易所挂牌股票的总收益互换产品估值）。

- 经纪商对某些 OTC 市场证券的报价（如针对可转换债券和衍生品的估值），包括确定某项特定投资的多个经纪商报价的可靠性和报价质量的规则。

- 贴现现金流分析和贴现率的确定（如针对私人贷款的估值）。

- 部分基于非市场指令的、针对特殊投资头寸的定制模型或专用模型（如针对私募股权投资的估值）。

- 其他与资产类型相适应的估值方法。

- 影响估值调整的程序。

- 在市场指令不可靠时，改用其他数据来源或者方法进行估值的决定。

3. 在对拥有多个市场报价的资产进行估值时，对冲基金管理人应考虑离场价格和基金离场时的注意事项。

守则二十

对冲基金管理人的估值规程应采纳适用的会计准则，如美国通用会计准则和国际财务报告准则，确保评估程序可以按照会计准则所规定的公允价值计量单项投资和汇总的基金资产净值。

守则二十一

对冲基金管理人的估值规则应明确适用的内部文件编制程序，以支持每一类资产的估值。

1. 对冲基金管理人一般应保证稳定地编制同期文件以支持资产估值。特别地，在考虑了各类定量和定性信息以后，为与估值委员会指引保持一致，管理人有必要对没有明确市场价值的低流动性投资头寸编制同期估值文件。

2. 估值规程应建立使用报价资源的适当程序，包括价格序列，输入模型指令，经纪商报价和其他来自第三方估值服务提供商的价格信息。

3. 估值规程应建立侧袋账户投资的适当估值程序。

4. 估值规程应建立记录对冲基金管理人日常估值规程的重要例外情况和出现例外的原因。类似地,估值规程应建立处置、记录和评估价格失效情况的适当程序。

5. 估值规程应建立适当程序控制和减轻估值过程中的潜在利益冲突(包括组合管理人员对估值过程的介入)。

守则二十二

对冲基金管理人的估值规程应建立为市值不明的投资头寸进行估值的适当程序。

1. 对冲基金组合中的某些投资头寸可能没有明确的市场价值。对于许多对冲基金管理人而言,这些投资头寸(如私募股权投资)是对冲基金潜在收益的重要来源。通常,作为对冲基金发行文件的组成部分,投资者应被告知基金是否从事此类投资,以及何时及如何对这些头寸进行估值。

2. 如果待估值证券缺少活跃的市场交易,作为衡量公允价值重要输入变量的市场价格未必是决定性因素。在市场活跃度较低时,经纪商报价和其他估值资源都不一定能反映市场交易信息,因此需要依靠其他资源,例如依靠经纪商独占信息的估值模型。对冲基金管理人应对经纪商

（或者定价供应商）使用的信息有充分了解，以便评估报价的可靠程序和决定是否应当使用其他估值方法。对冲基金管理人不应过分依赖未能反映市场交易结果的报价。而且在评估可得证据的时候，应考虑报价的性质（例如，报价只是指导性价格还是有约束力的实盘报价）。同样，非活跃市场交易可以在衡量公允价值时被用作输入变量，但未必是决定性因素。在非活跃市场中有一些可以起到指导性作用，包括较大的报价 M 询价价差，或者相对较少的报价方。

3. 如果投资头寸没有可见的市场价值，而且缺乏充分的外部评估，那么可以适当使用得到正确控制的内部估值结果。在这种情况下，对冲基金管理人应当警惕更加明显的、固有的潜在冲突。为减轻此类冲突，估值规程应明确对冲基金管理人如何应对以下情形，即在使用一个模型和决定多个模型的评估方式、频率时，如何依赖模型、必要的支持和证明文件。特别地，估值委员会应记录和评估定价模型使用中的实质性例外或者非正常情况（例如，某项资产的专用定价模型的存在）。

守则二十三

对冲基金管理人估值规程应适当包括侧袋账户和类似

安排的使用指引。

1. 侧袋账户是管理某些没有可见市值的非流动性资产的机制。某些基金使用侧袋账户避免投资者在变现或者其他重要事件来临时，由于存在较大估值主观性而处置这些资产（赎回或者投资），以达到保护投资者的目的。此外，通过在侧袋账户投资变现（或者视同变现）之前不收取激励性管理费或收益分配的方式，避免额外的潜在估值冲突。

2. 在对冲基金使用侧袋账户或者其他类似安排的时候，基金管理人应在规程中包括侧袋账户使用指引，例如：决定是否或何时将一项资产移入或者移出侧袋账户所应当考虑的因素（包括适用情况下的所有对冲和金融交易），具体包括：

● 估值的第三方依据的可得性（例如，是否存在可以提供估值指导的可见市场报价、经纪商报价或者其他类型依据）。

● 某项投资固有的估值难度（例如，在私人和公众公司中的股权投资）。

● 投资所在市场的性质（例如，是发达市场还是新兴市场，高流动性市场还是低流动性市场，以及市场受监管的程度)。

● 预期的投资退出能力(包括投资头寸是否可以自由交易,或者变现是否受到合约、法律或者监管限制,可能的话,还可以包括投资的商业项目所处的发展阶段及多久可以准备好上市)。

● 投资变现可能遇到的任何可能的意外收费或者特殊事件。

3. 侧袋账户或其他类似安排的性质和评估频率,应当与投资类型和可能影响投资的市场条件相适应。

4. 侧袋账户或其他类似安排中的投资头寸估值规则,应依据会计原则与其他投资头寸保持一致。

5. 除基于资产出售的头寸转移以外,对冲基金管理人的估值规程应规定适当人员定期评估和批准任何转入(转出)侧袋账户操作或其他类似安排。鉴于投资头寸移入侧袋账户在很多情况下都是适当的,对冲基金管理人应有评估和认可此类转移的程序。由估值委员会评估和认可此类转移可能是谨慎的。

第三章
风险管理框架

风险管理框架

守则二十四

风险是必然存在于投资过程中的，对收益而言也是必不可少的。风险管理的目标并不是消除风险，而是在期望收益的范围内理解和谨慎管理风险。

对冲基金管理人应建立易于理解和统一的风险管理框架，该框架应适合基金的规模、组合管理流程和投资策略。

对冲基金管理人应通过风险管理框架识别投资策略中的固有风险，度量和监督基金的风险敞口，使其与管理人的风险预测保持一致。应让投资者知晓风险管理框架，明确基金的风险状况是否适合投资者，以及投资活动如何应对预期风险。

守则二十五

框架应当解决以下问题：

● 识别对冲基金可能遇到的重大风险。

● 度量主要的风险类别（包括流动性风险，杠杆，市场风险，对手方信用风险和操作风险）。

● 建立符合对冲基金规模、组合管理要求和投资策略复杂性的常规风险监控流程。

● 设立风险度量和监控标准的规程。

● 根据规程度量和监测风险的专业人员。

对冲基金管理人风险管理的总体方法

守则二十六

对冲基金管理人的高级管理人员应识别每只对冲基金的总体风险状况，开发出相应的度量、监控和管理程序。

1. 对冲基金的风险状况应与其规模、策略和管理人的投资活动相适应。

2. 公认的重要风险类别是流动性风险（包括资产和融资的流动性），杠杆，市场风险，对手方信用风险和操作风险。

3. 对冲基金管理人应考虑适用于其对冲基金的风险类

别，以及度量、监控和管理这些风险的方法（例如压力测试和情景分析，VAR 方法，波动性测量，集中度测量和其他方法）。压力测试和情景分析是常用的风险管理方法。

4. 客观的风险度量对于理解投资组合表现至关重要，质性因素在分析组合风险时也很重要。

对冲基金管理人应向投资者提供以下信息，为后者制定决策提供参考：（1）对冲基金的风险状况；（2）根据其风险状况，对冲基金的业绩表现。

守则二十七

高级管理人员成员如首席风险官或者其他承担类似职责的人员，或者风险委员会，应建立风险度量标准，对每只对冲基金都要执行风险状况监控程序。

1. 对冲基金管理人的风险度量和监控程序的执行，应与基金的总体结构、投资和交易策略、决策程序集中度、资本配置程序和总体的投资与风险状况一致性相适应。

2. 在建立风险管理框架时，对冲基金管理人应决定：（1）在总体框架中哪些风险度量应当受到监控（例如资本，集中度或者流动性）；（2）是否采用风险约束（如风险限制），以及如何使用（例如是否采用不允许超出的硬性约

束，或者采用那些包括当前投资组合风险状况评述的软性
指引）。

3. 对冲基金管理人所使用的风险管理工具，应得到适
当的资源配给。

4. 为实现风险监管目标，对冲基金管理人一般应使用
组合价值来计算对冲基金的净资产值，除非管理人确定其
他方法更为合理。

5. 对冲基金管理人的高级管理人员应评估对冲基金风
险敞口的性质和量级，和（或）确保风险与收益信息一致
性的策略，高级管理人员将通过基金发行文件向投资者报
告这些策略。

6. 定期评估程序应包括：（1）评估交易策略、交易头
寸和交易经理的表现；（2）制定适当决策调整上述因素，
以提升对冲基金经风险调整的业绩。

守则二十八

对冲基金管理人应定期评估其风险度量、监控和管理
行为，掌握对冲基金风险状况、历史事件，新的方法和其
他相关因素的变化。

1. 在可能的情况下，重大风险应被量化和监控。

2. 不能够量化和度量的重大风险仍然需要得到监控。

3. 应定期评估对冲基金的投资组合（评估的频率决定于组合性质和市场条件等因素）。评估内容应包括（基于已识别和已度量风险的）组合表现是否同预期保持一致？如果没能保持一致，评估可能影响组合的诸因素。

4. 在适当情况下，应在次级组合基础上进行风险度量和监控。可以按照以下类别划分"风险组合"：（1）对冲基金；（2）资产类别；（3）工具类型；（4）对手方；（5）产业部门；（6）到期日；（7）对冲基金管理人认为能够有效度量、监控和管理风险的其他类别。

守则二十九

对冲基金管理人应理解其选择的风险度量方法（模型）的偏差和局限性，并在度量、监控风险和制定相关决策时进行调整。

任何风险管理程序都无法覆盖或者度量对冲基金面临的全部风险。

守则三十

应按照适当频率向对冲基金高级管理人员和其他相关

人员提供风险报告，这些风险报告描述了由管理人识别的对冲基金关键风险敞口。

对冲基金管理人一般应在适当范围内通报每只基金的总体风险管理框架。

守则三十一

高级管理人员应指定熟练人员监督风险分析、度量和监控，负责制订有关风险管理各领域的规程。

1. 该监督职责可以由首席风险官（或其他承担类似责任的人员）承担，或者由高级管理人员组成的正式的风险委员会承担。委员会成员应有足够的经验和相关背景理解风险框架的复杂性。另外，这些人员也可能参与投资组合管理。

2. 首席风险官（或其他承担类似责任的人员）可以同组合经理和对冲基金管理人的高级管理人员开展定期对话，从而对基金头寸和策略保持清晰地认识和了解。

守则三十二

高级管理人员不应外包风险监控或者管理，必须对总体风险框架负责。

1. 如果外包不能代替高级管理人员对风险的充分理解，外部服务商可以参与风险度量的工作。

2. 任何外包部分的责任仍由高级管理人员或者其指定的其他人员（机构）承担，例如首席风险官或者风险委员会。

对冲基金管理人应对所有相关人员进行适当的定期培训，培训内容为所管理的每只对冲基金的风险度量、管理和监控程序与规则。培训的标准、频率和主要内容，取决于雇员的职责及其对风险度量、管理和（或）监控的影响。

风险类别

守则三十三

对冲基金管理人应在风险管理框架内考虑每只对冲基金面对的重大风险类别，以及对其投资方法而言最适用的风险管理措施。需要度量、监控和管理的风险类别会根据对冲基金管理人所交易的产品、投资策略和交易频率的变化而变化。

1. 本节的余下部分描述了对冲基金管理人在商业动作中需要度量、监控和管理的主要风险类别。

2. 每一类风险的度量技术和风险管理工具的举例也在下文进行了说明。

3. 对冲基金管理人应对风险管理方法进行修正，以适应对冲基金所面临的独特风险及风险程度。下文描述的某些风险类别和风险管理工具，可能同特定对冲基金管理人的相关性较低。对冲基金管理人也可以自行确定他们应当监控的风险类别，使用下文没有提到的风险管理工具。

守则三十四

流动性风险

流动性风险是对冲基金满足自身现金需求的能力。

对冲基金管理人应以合理设定的方式监控和管理流动性水平，以确保对冲基金能够按时偿付债务。

以下是对冲基金管理人管理流动性所应当考虑的因素：（1）贷款方减少资金供应的风险，包括根据各种对手方协议在初始保证金（信用）支持和追加保证金的时间安排或者规模的变化；（2）投资者的赎回权条款和与此有关的资本金额；（3）市场流动性条件的变化（包括交易量，出价 M 询价规模与价差，交易策略过度拥挤或集中的可能影响），这些条件的变化可能改变经理人以最小不利价格影响出售证券的能力，或者改变其管理对冲基金流动性的能力。

守则三十五

对冲基金管理人应通过与贷款方和投资者的审慎协议，寻求增强影响对冲基金外部因素的稳定性。

1. 对冲基金管理人应全面理解和定期评估信用及借贷协议中的重大条款，包括这些条款的交互作用，交叉违约和交叉抵押条款，及其对抵押品管理和要求的影响。在某些极端市场条件下或者触发事件发生时，这些条款可以影响对冲基金的融资能力及其面临的总体风险（例如，在某些情况下或者净资产值触发点出现时，对主经纪人向对冲基金提供融资的责任的限制）。此外，对冲基金管理人应当评估在对手方发生不利变化并产生风险时，这些协议如何保护对冲基金。

2. 对冲基金管理人应理解和评估信用与借贷协议条款，包括此类协议条款的交互作用（例如，交叉违约和交叉抵押条款）和它们对抵押品管理的影响。①

①　本款内容同前款有所重复，原文如此。——译者注

3. 鉴于存在发生低流动性的可能，赎回投资的意外延迟和由此产生的融资需求错配，对冲基金管理人应了解以某些短期准现金工具（例如货币市场投资和依赖于流动性卖权的短期证券）代替持有现金所存在的风险。

4. 对冲基金管理人应为存在融资和流动性压力的潜在周期制订计划。它应当首先评估贷款方减少资金供应的可能性，包括保证金（信用）支持的变化，抵押品要求的变化（如数量、资产类型）和追加保证金的时间安排或者规模。

守则三十六

为理解和更好地管理对冲基金根据投资组合偿付债务的能力，对冲基金管理人应考虑采用定期的流动性压力情景进行分析。

1. 考虑到出现大额支取和市场重压的可能性（包括市场重压时期增加的赎回要求），对冲基金管理人应评估每只对冲基金的现金和借款能力。

2. 对冲基金管理人应考虑到以下情况：贷款方不愿意解冻抵押品或者提供信用便利；决定增加折扣和抵押品要求；以及使用基于净资产值触发点的合约权利终止交易关系。

3. 对冲基金管理人应考虑到市场流动性条件变化的影响，该变化可以影响到管理人以有利条件出售证券的能力或者管理其组合流动性的能力。

守则三十七

杠杆风险

杠杆操作是指使用外借资金进行投资。对于不包括衍生品合约的投资组合来说，杠杆可以定义为相对于组合资本的资产市值。对于更复杂的组合或者包括衍生品的组合而言，通过分析不同策略和这些策略潜在的极端损失，能够更准确地估计杠杆。

对冲基金管理人应当根据基金既定的风险特征运用杠杆，风险特征建立在基金规模、组合结构和特定投资策略的基础上。

1. 对冲基金管理人应将杠杆风险管理视为其风险管理框架的组成部分，监控杠杆的跨时变化，并在度量杠杆时兼顾表内和表外资产（例如，衍生工具，包括 OTC 市场衍生品）。

2. 对冲基金管理人应主要依据组合的特性和互相影响

的因素，以适当频率监控杠杆。例如：（1）资产类型，部门和头寸；（2）组合的整体流动性状况；（3）交易策略；（4）资产波动性和交易策略；（5）交易策略的集中程度。

3. 对冲基金管理人应全面理解主经纪人，贷款方和其他交易对手提供杠杆的有关协议条款，寻求达成可持续的信用、保证金和融资条款，以谨慎管理基金杠杆，在市场出现波动时使额外压力最小化。重要的条款可以包括对组合的约束（例如集中度，分散投资和流动性限制）、主经纪人与对手方改变条款和（或）终止协议的权力。

4. 对冲基金管理人应关注对嵌入杠杆的头寸使用杠杆所产生的影响，例如某些类型的衍生品和其他结构性产品。

守则三十八

市场风险

市场风险是由于投资资产的市场价格变化而给对冲基金带来的金融风险。

对冲基金管理人应根据对冲基金的规模和组合管理程序，以及投资策略的复杂性，结合以下一些或者全部风险度量，定期评估市场风险。对冲基金管理人应在包含以下一些或者全部风险度量的前提下，模拟其风险管理框架。

1. 对冲基金管理人应努力识别其主要市场风险敞口的规模和趋势（例如，股票指数，利率，信用利差，汇率和大宗商品价格）；应分别在单个策略、组合和整个基金的水平上，考虑风险敞口的总量（多头加空头）和净量（多头减空头）。风险系统还应区别线性敞口（如在市场中成比例变化的资产价格）和非线性敞口（如来源于期权、可转换和可赎回证券的风险）。

2. 对冲基金管理人应对组合进行压力测试和情景分析，二者可以帮助确定组合在各种情况下表现出的脆弱性。它们应当可被用于市场事件（趋势性运动）和市场低流动性的情况。测试的频率决定于组合的性质、风险敞口、交易频率、市场条件的变化以及其他一些因素。对冲基金管理人应识别可能变化的市场变量，变化的程度和所发生的时间范围。压力测试和情景分析可以以标准化度量方法、历史事件和（或）特殊情景分析为基础。

- 标准压力测试包括主要的冲击性市场因素定量或者按照一定比例变化（例如"所有利率上升 100 个基点"，或者"股票价格下跌 10%"）。两种方法都能够提高利用某些可能经历制度变化的因素（如信用利差由小到大，市场波动从低到高）进行压力测试的效果。这些测试是有用的分析工具，可以预测在发生重要市场变化的时候，风险敞口可能产生的潜在盈利或者损失。

● 历史情景分析方法的目的是度量已知市场压力重现时的组合预期变化。必须根据新的金融工具和市场结构的变化，调整计算过程。

● 特定情景分析的目的是根据风险管理规定，度量组合在突发压力期的可能变化。

● 历史风险度量法的目的是了解历史上某个组合相对于期望值的变化，可作为在资产构成和市场条件相对稳定情形下的风险度量方法。如果对冲基金管理人决定使用基于历史数据的风险度量方法，可使用现实波动性作为波动性函数的收益率，价格最大跌幅，历史贝塔以及与有关市场指数的相关性等指标。为理解风险指标值是如何跨时变化的，审慎的做法是根据对冲基金的特性选择适当的频率。如果组合资产或者策略的构成经常变化，市场结构演化（如制度变化），或者估值周期不适当（例如日波动率就可能不是度量按月盯市头寸的风险的合适指标），这些指标的重要性就会降低。

● 前瞻性统计度量法的目的是通过运用定量技术，在组合资产波动率和相关性假设的基础上预测组合的期望变化。如果对冲基金管理人决定采用前瞻性统计度量方法作为风险监控工具，应当考虑哪些方法对基金组合是适用的。两种一般的但并非通用的方法是在险价值和期望损失。

3. 在使用前瞻性统计度量法的时候，应当了解这些方法的不足。它们通常使用收益率的正态分布作为计算基础。但是由于金融市场经常呈现不寻常的"厚尾"现象，许多前瞻性统计低估了组合风险。此外，关于组合资产波动率和相关性的假设可能没有反映真实情况。这些方法也很难用于多个资产类别的组合和带有期权性风险的组合。

守则三十九

适当情况下，应同时在对冲基金、组合、单个投资策略、资产类别、产业群、地理区域和其他维度上进行风险度量。对冲基金管理人应决定进行风险度量的频率和时间范围。

对冲基金管理人评估组合市场风险的频率，应当考虑组合和风险的性质、组合换手率、市场条件变化和其他相关因素。某些风险度量方法在跨时条件下具有更好的洞察力。分别以天、星期和月为单位考察一个特定数据点，它可能会变得更有用。

守则四十

对冲基金管理人应定期评估用于度量和监控市场风险的模型表现，并将其效果调整至最大化。

1. 风险管理是一个客观的过程，对冲基金管理人应理解风险模型固有的偏差和局限，例如假设条件和历史数据的有限性。对冲基金管理人应在考量这些限制以后，再使用风险模型的计算结果。

2. 相对于已实现的组合收益，对冲基金管理人更应考虑度量跨时风险。

3. 模型的变化和假设应当被用于新的数据，以考察此前未被发现的关系或者风险因素。

守则四十一

对手方信用风险

对冲基金管理人应监控基金的对手方信用风险（包括

主经纪人、托管人、衍生品交易商和借贷、交易、现金管理及存管业务对手方），了解对手方潜在的流动性损失或者失败可能产生的影响。

1. 对冲基金管理人应在选择与对手方交易时，评估对手方的信誉（对手方的子公司和附属机构的信誉可能与对手方有所不同）。

2. 对冲基金管理人应认识到，基金与主经纪人及其他重要的借贷或衍生品交易对手方及附属机构可能存在复杂的法律关系，包括：（1）了解与基金签订合约的法人实体，判断在进入某个破产程序或者其他违约事件发生时，基金是否有能力关闭与某个对手方或主经纪人及其附属机构的交易或者进行彻底清仓。（2）了解主经纪人为基金头寸提供融资的方式，包括其是否使用美国或者非美国经纪人、交易商或者银行，资产是否被分割或者再抵押，以及其头寸所在的地点。（3）知晓主经纪人在各地的托管人和二级托管人的身份。依靠可利用的资源，评估与保管人和二级保管人（特别是发展中市场的保管人）有关的风险。（4）了解在对手方破产事件中，基金资产是否能够得到保护，以及受保护的程度。考虑的因素包括风险与投资回报，同特定对手方或者二级托管人的业务合作规模。

3. 在评估对手方风险时，对冲基金管理人应考虑信用敞口和业务中断风险。

守则四十二

对冲基金管理人应度量和监控对每个对手方的信用敞口（视基金与每个对手方的信用敞口水平而定）。

1. 作为程序的组成部分，对冲基金管理人应权衡使用多个主经纪人和对手方以分散对手方信用风险的可能性，由此可能增加清算、账目核对和日常抵押品管理的复杂性和操作难度。对冲基金管理人应提供适当资源管理抵押品的转移，尽可能减少在对手方的抵押品错配（例如，在每个主经纪人处保持合理的对冲组合）。

2. 为最小化市场压力所产生的风险，对冲基金管理人应考虑采取措施获得更多流动性，例如在主经纪人以外的金融机构开设现金和存管账户，以分散面向对手方的敞口。

守则四十三

操作风险

对冲基金管理人应有与业务复杂程度相适应的、

稳固的操作基础设施，管理和减弱由于不适当或者失败的内部程序、人员和系统或者外部事件所引发的操作风险。

1. 一名或多名不承担投资管理职责的高级管理人员（包括首席运营官），应监督对冲基金管理人的操作区。

2. 对冲基金管理人应执行和保持较强的内部控制，最小化因操作风险导致的损失风险。

3. 控制和减少操作风险可以包括：（1）中央数据库的使用与维护；（2）交易捕捉设备的使用；（3）与基金主经纪人（或清算代理人）和行政管理人快捷的交易信息核对。

守则四十四

对冲基金管理人应从内部或者采用第三方评估的方式，监控其操作风险的总体水平。

操作风险评估可以考虑对冲基金的以下特征：（1）资产和产品；（2）员工与资源；（3）基础设施（包括信息技术资源，业务持续性和灾难恢复计划）；（4）合规与监管。

守则四十五

对冲基金管理人应采用包含关键操作区合规规则的合

规手册，以减弱合规风险。

对冲基金管理人应指定一名首席合规官，确保合规规则得到遵守和执行。

第四章
交易与业务运作

交易与业务运作框架

守则四十六

对冲基金管理人应根据其规模和行为的复杂程度、投资活动的性质以及投资策略要求，为管理其交易和业务运作建立全面统一的框架。

框架应包括为对冲基金管理人的关键运作系统和会计控制提供适当制衡的规则和程序，具体包括：

- 对手方的适当选择与关系管理。

- 现金、保证金和抵押品要求的有效管理。

- 关键服务提供商的审慎选择与监督。

- 稳固的基础设施和运作规范。

- 稳固的运作和会计流程，包括业务操作人员和组合管理人员的适当隔离。

● 交易活动的完备记录。

● 与对冲基金管理人的业务规模和交易运作相适应的系统、基础设施和自动化水平。包括对评估内外部变化引发操作风险的基础设施的定期评价。

● 适当的最优执行规程。

守则四十七

对冲基金管理人应安排一名高级管理人员主要负责管理交易和业务运作。根据管理人的运作，由具有适当经验的内部或外部人员向这名高级管理人员提供充分支持。

此高级管理人员——可以是首席运营官或者其他承担类似职责的人员，也可以是适应对冲基金管理人业务运作复杂性的其他熟练人员——应确保管理人运作的功能同其他高级管理人员密切配合，例如投资、法律、风险和合规专家。

守则四十八

对冲基金管理人应根据在发行文件中载明的特定投资目标，为每只对冲基金建立投资和交易规则。

这些规则应包括监督交易行为和每位组合经理的表现（包括外部组合经理）。

守则四十九

对冲基金管理人应至少每年评估和酌情修订其投资和培训规则及操作规程。修订应考虑以下重大变化：（1）对冲基金的结构或者投资策略；（2）市场状况；（3）适用的监管规则。

对手方

守则五十

对冲基金管理人同一系列对手方互动，应为所管理的对冲基金选择对手方时进行必要的尽职调查。

1. 对冲基金将面对的典型对手方包括：

- 执行经纪人。

- OTC 市场衍生品交易对手方。

- 主经纪人。

- 股票借入和回购交易对手方。

● 银行。

● 现金管理对手方。

● 托管人。

2. 在选择对手方时，对冲基金管理人应考虑的关键因素包括：

● 特定对手方及其母公司和母公司下属有关机构的信誉、声望、经验、身份和法律监管制度（如破产法和消费者保护规则）。

● 根据对冲基金管理人的业务需要（包括产品复杂性和交易频率）提供相应服务的能力，例如：（1）及时高效的交易处理、报告、清算和交割；（2）支持管理人业务所必需的融资能力；（3）能够满足管理人需要的人员安排，包括为准备账簿和记录而需要的支持及信息报告。

● 对手方赖以向对冲基金管理人提供服务的条款的稳定性（例如主经纪人的融资锁定条款）。

守则五十一

对冲基金管理人应同对手方谈判并维护已签订的对手

方关系协议（例如：账户开放，主经纪人佣金，股票借入，ISDA，抵押品安排和弃权协议等）。

对冲基金管理人通常应在开展交易前与对手方签订书面协议，或者在交易发生后尽快签订。

守则五十二

对冲基金管理人应认真评估和了解对手方协议条款的细节，以及影响对手方延展信用或提供其他服务的风险（例如增加抵押品要求的条款）。

1. 对冲基金管理人也可以考虑使用数据库跟踪交易状况和关键条款的执行，例如终止交易事件和违约事件。

2. 对冲基金管理人应酌情就标准违约事件和其他终止交易与抵押品状况（同对手方）谈判，以确保有关文件内容的一致性。

3. 对冲基金管理人应考虑运用协议条款限制或者削弱对手方在终止交易或者仅凭自由裁量权或主观判断提出抵押品要求的能力。如果做不到，对冲基金管理人至少也应当寻求加入通告期与等候期等条款，减弱同前述对手方权利有关的风险。

4. 根据与对手方的协议，对冲基金管理人应清楚在对手方安排交易、延展信用或者提供其他服务过程中自身应当承担的责任。

5. 如果对冲基金管理人为其管理的两只以上对冲基金选用了同一对手方，管理人应考虑设定防止交叉账户责任的协议条款。

6. 对冲基金管理人应考虑保证金和资金划转的条款及必要条件。

7. 在使用多个对手方的情况下，对冲基金管理人应为管理对冲基金跨对手方的操作提供适当资源。

8. 如果可行，对冲基金管理人应建立流程以确保：(1) 管理人与对手方、第三方行政管理人和（或）其他第三方服务提供商保持适当的沟通；(2) 合适的服务提供商拥有适当的交易捕获或者其他能力，以保证及时执行交易和编制文件；(3) 服务提供商了解并能够执行管理人的交易规则和程序。

现金、保证金和抵押品管理

守则五十三

对冲基金管理人应建立有效管理现金和处理来自主经

纪人、融资与 OTC 衍生品对手方的保证金及抵押品通知的框架。

1. 为建立这一框架，对冲基金管理人应当：

- 认识考虑该领域的行业实践和发展。

- 理解和监控信用协议的合规性。

- 理解和监控为支持头寸所需要的抵押品数量和类型，以及每日的头寸余额。

- 核实对手方采用的基准，以便从抵押品角度评估基金仓位。

- 评估对手方管理交叉保证金头寸的能力。

- 了解或者尝试了解与对手方抵押品管理程序有关的风险，在可能的情况下同对手方商谈减弱此类风险的协议（例如第三方托管协议或抵押品隔离协议）。

- 及时验证和处理追加保证金通知。

- 调整头寸使之符合保证金基准的要求。

2. 对冲基金管理人应在风险参数和合作方信用风险的基础上，建立对冲基金闲置资金投资规程。

守则五十四

对冲基金管理人应定期评估现金管理框架的有效性。

在评估现金管理规则时，对冲基金管理人应基于风险、组合融资状况、投资者申购和赎回窗口考虑基金的现金流需求。

关键服务提供商的选择和监控

守则五十五

对冲基金管理人应选择声誉良好、经验丰富的服务提供商。

1. 这些服务提供商可能包括：（1）会计、咨询和代理服务提供商；（2）信息技术产品供应商；（3）法律顾问；（4）基金行政管理人；（5）次级顾问；（6）外部组合管理人。

2. 对冲基金管理人选择和监控服务提供商的程序，应考虑每个提供商的行为独立性和控制力。

3. 为吸引关键服务提供商，对冲基金管理人应参与制订清晰描述服务水平的协议。

4. 上述服务应与对冲基金管理人的内部基础设施和操

作服务性相适应。

5. 对冲基金管理人交易和业务运作外包部分的全部责任，仍然由管理人的高级管理人员或者其代理人承担。针对外包业务执行适当监督程序是必要的。

6. 对冲基金管理人应为保留次组顾问和其他外部组合管理人制订适当的审批流程和文件。

选择了关键服务提供商以后，对冲基金管理人应监控其服务质量。如果其服务质量不令人满意，则准备好寻找替代者。

核心基础设施和操作准则

守则五十六

对冲基金管理人应当建立符合业务需要的核心基础设施，并编制操作规范。

1. 对于基础设施的要求应随着对冲基金管理人的业务变化而改变，包括投资类型、交易量、手工操作的使用和与之相反的自动化系统的有效性。

2. 对冲基金管理人应根据其组织及所管理基金的规模、性质和复杂性，考虑自动化处理系统是否能够减少交割风险。

3. 为解决重大的业务中断、失误和其他可能给对冲基金造成损失的问题，管理人应建立适当的异常情况上报规则，采用适合其业务需要的监控、分析和优化技术，以发现和处理业务中断及操作失效。

4. 根据组织规模和复杂性，对冲基金管理人应对员工进行业务交叉培训，或者适当安排后备人员，防止关键运作功能仅依赖某一个人。

守则五十七

对冲基金管理人应指定一名高级管理人员或其他适当人员定期：（1）评估每只对冲基金的交易行为和业绩表现；（2）评估相关的风险水平；（3）确保基金管理和交易行为符合基金治理文件中载明的规则要求。

守则五十八

对冲基金管理人应制订清算交割和汇款的程序与流程。该程序可以处理：

●跨对手方的头寸和现金账户核对（以及核对的频率），例如主经纪人、期货清算账户、基金行政管理人、前台办公室，包括失败交易的快速处理。

● 适当的资金划转程序，包括指定的授权签字人和适当的制衡制度。

● 投资与操作人员的适当隔离，包括应送达非交易人员的函证。

● 为提高 OTC 衍生品交易流程自动化水平而使用的行业公用设施和软件工具，应根据对冲基金管理人的业务量和业务复杂程度进行授权。

● 行业中央清算所和（或）OTC 衍生品交易所的适当使用。

● 处理公司行为的流程，例如委托选举、自发选举、分红、公司分拆和重组。

● 监控和及时处置有行权截止日的头寸的流程（例如期权、权证、认股权、转换权等）。

其他基础设施和操作规范

守则五十九

如果对冲基金管理人在 OTC 衍生品市场或者其他复杂

市场（如银行债务、抵押支持证券、股权衍生品、结构性信用交易，或者其他私下交易）有重大交易行为，为妥善应对这些工具和市场的额外复杂性，管理人应提供必要资源以维护相关基础设施、人员和流程，包括同对手方密切协作，掌握并迅速应对市场整体趋势的变化。

OTC 衍生品操作

1. 对冲基金管理人应评估它是否拥有适用的系统和人员管理延长的结算周期和这些产品的特性。这一评估应考虑对冲基金管理人是否需要雇佣或者安排具有特定经验的人员来管理这些复杂产品。

2. 从操作和业务角度看，OTC 衍生品交易属于特殊的一对一议价交易的事实，是对管理的重要挑战。因此在交易 OTC 衍生品时，对冲基金管理人应考虑是否有必要采取以下行动：

- 同所有 OTC 衍生品对手方签订适当的 ISDA 和类似的主协议。

- 在可能和适用的情况下，考虑到参与各方的相对信誉和交易的性质，同对手方签订双边抵押品协议。

● 采用适用系统记录所有 OTC 合约的重大条款，以加强这些头寸的定价和风险管理。

● 对所有未得到对手方条款清单（应包括对交易经济性的详细阐述）支持的衍生品交易解决方案，执行监控和及时上报流程。

● 执行有关规程以监控未付函证，进行风险分析并及时缓解风险（例如优先处理），以及迅速处理未付函证。

● 评估对手方的 OTC 补缴保证金通知，并按照制度化流程评估对冲基金管理人何时应当向经纪人提交自己的 OTC 补缴保证金通知。

● 制定适当的规程促进对冲基金管理人执行行业操作守则和标准的能力，例如使用中央清算所执行 OTC 衍生品交易清算，合约更新的电子化处理，处理交易的时间表及其他行业标准。

● 评估 OTC 衍生品和其他复杂产品交易的最终支付。

其他复杂产品的操作

银行贷款——为管理银行贷款交易的文件，特别在不良债务领域，对冲基金管理人可以请有适当经验的内部或者外部法律顾问提供法律咨询。

抵押支持证券/担保抵押债券——对冲基金管理人应评估其是否有适用的系统和人员来管理这些产品的特性，例如按月支付过程和了解支付现金流。

结构性信用交易——对冲基金管理人应评估其是否有适用的系统和必要的人员管理结构性信用产品的特性，例如融资组件、现金流结构和这些信用产品的相关性。

私下交易——对冲基金管理人应评估其是否有足够的资源（例如内外部法律、税务和结构化专业知识与技术）支持私下交易。此外，为保证此类交易头寸的安全，适当的托管协议是必要的，应定期向对手方确认敞口头寸。

国外市场交易——国外市场交易要求从业人员或者服务提供商了解本地监管法规、市场和税收基础设施以及结算规定。

守则六十

从操作和业务风险的角度，对冲基金管理人应定期评估为复杂和特殊交易策略配置的人员和资源的适当标准，并努力保持这一标准。

核心会计流程

守则六十一

对冲基金管理人应有适用的系统、流程和人员，使其管理对冲基金的交易行为和全部相关合约安排和协议能够从会计角度被适当记录下来，以基金和单个投资者为单位计算资产净值。同时，管理人还要提供适合投资者、风险、财务报表、监管报告和税务报告要求的重要财务信息。

1. 对冲基金管理人应拥有具备适当会计知识和经验的内部和外部人员。

2. 对冲基金管理人应利用适应公司需要和复杂性的系统，从会计角度正确记录其管理的对冲基金的交易和非交易行为。包括：

- 保留重要交易数据的系统，包括数量、成本、市值、已实现和非实现交易收益与损失、利息与分红、交易费用等。

- 包括交易数据（细略均可）和非交易数据（如管理费用）的总分类账。

● 将对冲基金总量数据分配到投资者个人的流程，便于以单个投资者为单位进行报告。

● 确保从会计角度对所有相关非交易行为进行准确记录的流程，包括管理费用、激励费用（或分配）安排，以及对冲基金组织文件中提到的其他费用和支出（这些流程不包括在第二章所述的估值流程内）。

3. 对冲基金管理人应执行月末结账流程（如果不能按月执行，至少也应当按照对冲基金组织文件要求的频率执行）。根据对冲基金的特征，某些流程可能是适用的。包括：

● 确认所有重大估值调整均已被准确记录。

● 确认所有非交易相关行为均已被准确记录。

● 基金资产净值已量化到单个投资者。

● 准备和投资者发布详细载明其资产净值和其他相关财务信息的报表。

4. 对冲基金管理人应执行制作年度财务报告及附注的流程，上述文件应经过独立的会计公司进行审计。

5. 对冲基金管理人应根据投资者需要和有关税务机关

的规定，执行制作投资者纳税信息的年度流程。

6. 对冲基金管理人应根据业务变化的需要，定期评估其操作控制，特别是在组织行为已经发生变化的领域。

7. 对冲基金管理人核心会计流程的任何外包部分的责任，仍然由管理人的高级管理人员或其指定人员承担。

核心信息技术流程

对冲基金管理人应建立控制任何信息技术变化的规程，包括软件应用、数据、硬件和信息技术基础设施。

第五章
合规，冲突与业务运作框架

合规，冲突与业务运作框架

守则六十二

对冲基金管理人应建立有充足资源支持的全面统一的合规和业务运作框架。框架的目标是为对冲基金管理人及其员工在道德、监管、合规和利益冲突方面提供指引。框架成功的关键是强大的合规文化。

框架应包括：

- 书面形式的道德准则，其确立了支配对冲基金管理人员的行为准则。

- 书面形式的合规手册，内容包括：（1）用于治理对冲基金管理人运作的各类规则和条例；（2）在运作过程中可能出现的潜在利益冲突；（3）各种记录的维护与留存。

●冲突委员会或其他责任实体的建立，用于评估和解决潜在冲突。

●面向员工的、关于合规程序的重大要素的定期培训。

●合规职责包括：（1）首席合规官监督和保持对冲基金管理人的合规程序；（2）针对违反管理人合规程序行为的适当惩戒程序和制裁措施；（3）对管理人合规程序的年度评估。

合规文化

守则六十三

在多数高级领导者积极参与和承诺的基础上，对冲基金管理人应建立并在整个组织内培育合规文化。

1. 在 SEC 或者 CFTC 等美国监管机构或者非美国监管机构注册的对冲基金管理人，需要承担某些特定责任，而非注册管理人则不需要承担这些责任。尽管没有注册，非注册管理人应评估其适用哪些法律、规则和条例（如反欺诈规则）。非注册对冲基金管理人也应当评估非强制性法律、规则、条例和行业操作规范，以判断遵守这些法律法规是否有助于促进其商业和投资活动的合规程序的完善。

2. 创造合规文化需注意以下要点：

- 高级管理人员鼓励员工（在没有报复之忧的环境中）提出所关心的问题。

- 高级管理人员积极参与合规会议和培训课程。

- 首席合规官（或其他承担类似职责的人士）应被认为是非常重要的，应被赋予充分权力执行合规程序。

- 一旦发生能够导致合规问题的事件，高级管理人员应咨询首席合规官或其指定人员，并鼓励员工向其咨询。

3. 在对冲基金管理人的业务中保持高度诚信的道德标准，必须成为高级管理人员及每一位员工的责任。

道德准则

守则六十四

对冲基金管理人应编制道德准则，该准则为对冲基金管理人及其员工培养诚信和专业精神提供了指引。管理人承诺其行为符合对冲基金的利益最大化原则。

1. 某些特定规则或者科目是否进入道德准则或者合规手册（第 4 小节将进一步讨论），应由对冲基金管理人根据这些规则或者科目对业务的有效性作出决定。

2. 根据对冲基金管理人的结构和运作，道德准则至少应解决以下问题：[①]

- 要求对冲基金管理人的员工以诚信和专业精神进行操作的行为标准。

- 对冲基金管理人及其员工的受信范围（包括对冲基金及投资者利益相对管理人及员工利益的优先次序）。

- 遵守适用的联邦证券法律。

- 关于对冲基金及其投资者的秘密信息的保护，和对冲基金管理人来自第三方的类似信息的保护。

- 对冲基金管理人应考虑根据管理人和参与组合管理和（或）交易的员工的地位和职责，提高对其私人交易的要求。

- 对冲基金管理人及其员工对礼品和款待的接受

与提供。

● 考虑员工内部岗位与外部岗位及其他商业利益兼容性的评估或者审批流程。

● 对于不符合道德准则行为的、没有报复之忧的内部报告规则。

● 适应对冲基金管理人特性及运作的其他规则。

● 对于重要非公共信息的适当使用。

守则六十五

道德准则适用于所有员工。如果根据员工职责和职务的性质以及接触信息的权限，某些规则不适用于或者不同程度地适用于某些类型的员工，对冲基金管理人应清晰界定适用规则的员工类型（如专业投资人员）。

1. 对冲基金管理人应考虑是否服务提供商或者顾问应遵守全部或者一部分道德准则，也可以评估服务提供商的道德准则，或对其进行尽职调查，以确定服务提供商的行为方式符合管理人的道德准则。

2. 对冲基金管理人应要求员工至少每年阅读和理解道德准则并保证遵照执行。

道德准则应反映对冲基金管理人的业务性质。

3. 尽管现成的道德规范可以提供有益的背景资料和指引，对冲基金管理人仍然应当拥有适合其业务需要的道德准则。

合规手册

守则六十六

根据对冲基金管理人的业务和运作焦点及与此有关的冲突，管理人应识别和评估合规手册中的关键要素。

守则六十七

对冲基金管理人应编制合规手册，手册应概括遵守(国内和国际的）法律法规的规程，这些法律法规适用于对冲基金的业务运作和交易活动。

对冲基金管理人应考虑在合规手册中尽可能包含以下主题：[1]

---

[1] 关于美国证监会（SEC）对注册投资顾问应遵守的合规规程的有关监管规定，另请参阅 2004 年 2 月 5 日生效的 SEC 第 IAM2204 号规则。

● **市场推广与交流：**

（1）决定市场推广与销售资料应当包括哪些内容。

（2）同第三方交流的程序（包括通过媒介和网站交流）。

（3）获准使用第三方营销机构募集投资的程序。

（4）评估对冲基金管理人的市场推广资料的程序，包括对业绩展示标准的评估。

● **反洗钱：**

反洗钱规程与遵守银行保密法，例如：（1）识别拥有优先认购权的投资者的程序，和对投资者基础的定期评估；（2）如果反洗钱合规检查的任何部分被委托给行政管理人或者其他第三方，则对受托方操作的定期评估应包括在内（包含其操作的一致性）。

● **交易与业务操作：**

（1）及时准确记录交易的程序。

（2）安排交易的规则，例如如何在各基金之间、各管理账户或者主账户之间安排交易。

（3）代理投票程序。

（4）交易错误的处理规则。

（5）包括选择执行经纪人标准的最佳执行规程，该规程有助于执行委员会或高级管理人员识别、评估这些标准。

（6）可以包括使用软美元安排及附带佣金的规则。

a. 评估对冲基金管理人的软美元安排与向投资者所披露信息的一致性，或者其是否符合美国《证券交易法》第 28 条 e 款的规定。

b. 重点评估同关联经纪人和交易商的交易，以监督软美元安排同已向投资者披露的信息保持一致。

（7）禁止操纵的规则，例如：

a. 与对冲基金管理人的业务相适应，禁止延时交易、择时交易、提前交易，禁止传播谣言或者虚假交易。

b. 同证券发行相关的对冲交易和做空交易的程序（例如在公开股票交易中的私人投资）。

c. 参与新证券发行和根据发行活动所需要的资质赋予经纪人代表权的程序。

（8）阻止、调查和解决重要非公开信息的滥用和内幕交易的规程（包括从经纪人、顾问或者其他第三方获得的价格或市场敏感信息和保密信息），该规程可能包括信息壁垒的使用、限制名单或者其他适用措施。

（9）从事与投资公众公司相关的研究和信息收集时，防止获取重要非公开信息的规程。

（10）对冲基金管理人的员工进行个人交易的规程，例如识别员工是否遵守限制性规定，并建立适当程序控制这些交易（如：首次公开发行及私募发行中的某些交易和投资的强制性预先审批或清算，某些类型投资交易的禁止或限制性规定，受限清单，禁止买卖期和持有期）。

（11）监控包括禁止性交易的美国《雇员退休收入证券法》有关规定执行的程序。

- **监督：**

（1）对冲基金管理人应建立监督合规规程执行的系统。

（2）适当的监督能够改变对冲基金管理人行为的性质和对冲基金的特性，但是应当包括对日常业务运作记录或其他文件的评估，从而促进管理人遵守规则。

- **监管文件：**

（1）对冲基金管理人应确认美国和国际监管文件（例如1976年 Hart – Scott – Rodino 反垄断改进法，证券交易法第13条和第16条，卖空报告要求，和类似的非美国的报告要求），向适当人员或者服务提供商清晰地分派监督这些文件执行的责任，他们应监督和确保适用的监管规定和文件要求得到及时遵守；

（2）美国对冲基金管理人监管文件包括了某些美国联邦报告要求和其他监管规定的清单，这一清单适用于在美国运作、交易和（或）进行市场推广的管理人。对冲基金管理人应监督监管要求的变化，确保其合规程序和规则是正确的。对冲基金管理人也应当评估在其他司法管辖区内的类似监管要求。

守则六十八

对冲基金管理人同国际运作或者投资活动有关的规则，应当符合其从事交易活动或者业务的每一司法管辖区的法律、规则和监管规定。

守则六十九

记录留存

对冲基金管理人应制定创建、维护和留存准确、全面和符合要求的业务记录的规程，该规程应与管理人的规模和活动水平相适应，并符合所有适用法律的要求。

1. 根据法律要求，注册的对冲基金管理人必须遵守特定的簿记和留存记录的规则。无论对冲基金管理人是否注册，管理人和其管理的对冲基金的重要业务记录都必须保存好。例如，合同，构成文件，交易数据，会计记录，重要委员会的会议记录或日程安排文件（如估值委员会和冲突委员会），业绩历史备份，投资者来信与回复。对冲基金管理人应合理使用适当的电子数据管理系统。

2. 记录留存规程的重点是关键业务记录，并尽量明确：[①]

- 留存时长，不同的记录可能留存时长不同。
- 留存方式，可以防止未经授权的修改提前销毁。
- 要求员工遵守留存规则，应与其进行沟通。
- 对交易活动准确和全面的记录。
- 依照规则访问留存文件的方法。

守则七十

利益冲突

对冲基金管理人应识别可能会在其特定业务中产生的

---

① 美国《投资顾问法》的 204 M2 规则对注册为投资顾问的对冲基金管理人提出了最低记录留存要求。对冲基金管理人在本州注册为投资顾问的，应遵守本州法律和监管规定中的类似要求。

潜在利益冲突，采用合理的规程，以一致的和标准化的方式减弱或者消除这些冲突现象。

1. 像其他金融服务业务一样，冲突是资产管理业务中固有的，而存在识别和解决冲突的程序，是恰当地解决冲突的关键。可能存在于对冲基金管理人业务中的冲突，会由于管理人结构、对冲基金结构及其活动特征的差异而有所不同。

2. 以下是对冲基金可能存在的潜在利益冲突，基金管理人应根据其业务运作予以考虑：

　　●对冲基金管理人与其管理的对冲基金的冲突，例如：

（1）因对冲基金管理人的自营交易或者在特定投资中的所有权产生的冲突。

（2）因估值程序产生的利益冲突。

（3）与对冲基金管理人及其所管理的基金之间的成本费用分摊有关的冲突。

（4）同关联机构的交易或者业务安排有关的冲突，例如经纪业务安排，交叉交易（Cross-trades），自主交易（Principal Trades）和关联机构提供的所有其他服务。

（5）与第三方服务提供商如主经纪人、其他经纪人、供应商和基金行政管理人有关的冲突（如软美元安排的使用，资本引进，咨询服务或者关联经纪人或托管人的使用)。

●对冲基金管理人所管理的多个基金之间的冲突，或者同一管理人所管理的基金与独立账户之间的冲突(如分配投资机会所产生的冲突)。

●对冲基金管理人雇员(包括家庭成员)与其管理的对冲基金雇员(家庭成员)之间的冲突。

(1) 因个人交易产生的冲突(包括抢先交易，Front Running)。

(2) 因私人投资活动产生的冲突。

(3) 因外部业务活动产生的冲突。

(4) 因提供(接受)礼品或招待产生的冲突。

●投资者之间的冲突，例如因单边保函或平行管理账户而产生的冲突，该单边保函或者平行管理账户可能包含某些投资者享有的优先条款，或者包含对部分投资者有不利影响的条款。

3. 对冲基金管理人应建立冲突委员会，以评估和处理需要对某些因素进行评价的情况。并非所有的潜在冲突都能够以某一标准方式预测或解决。应授权冲突委员会在个案基础上解决冲突，必要时甚至可以选择放弃对冲基金管理人的标准规则。冲突委员会的目标是，在对冲基金管理人的标准化程序尚未解决新的或者潜在冲突时评估这些冲突。冲突委员会可以包括对冲基金管理人的首席合规官和（或）高级管理人员的其他成员（视管理人及其所管理基金的内部组织状况而定）。

4. 冲突委员会应至少每年评估对冲基金管理人冲突管理程序的有效性。

5. 冲突委员会也应根据其评估，决定是否有必要修订规则或者制定新规则。委员会应妥善保管关于如何解决重要冲突的记录。

守则七十一

员工培训与教育

对冲基金管理人应根据其合规规划，制订稳健的培训计划，用以员工教育。

培训计划应考虑以下因素（视情况而定）：

● 培训应促使员工理解合规框架的全部内容。

● 培训应适合对冲基金管理人的业务类型，并包括有关案例。它还应当针对对冲基金管理人的运作和防止市场滥用，将重点放在发现合规问题上。

●在发生重大变化时，以及至少每年，对冲基金管理人应组织承担重要业务运营职责的员工接受一次合规培训，以解决首席合规官和有关员工发现的问题。对冲基金管理人可以寻求外部专家服务，如外部法律顾问，以完成培训课程。

●关于某一合规问题，培训应对适用于寻求首席合规官或者其他高级管理人员指导的情况进行说明。

●由于初级员工一般能够通过与主管和首席合规官的公开和非正式讨论树立更强的合规意识，因此在培训过程中应当鼓励此类接触。

合规职能

守则七十二

对冲基金管理人应当向合规职能投入充分资源，以监督、执行和评估管理人的合规程序。

守则七十三

对冲基金管理人应任命具备足够知识和经验的高级管

理人员担任首席合规官（视管理人的规模、复杂性和资源而定），来监督和管理合规程序。

1. 首席合规官的职责应当包括：

- （经与其他资深人员协商）识别合规风险。

- 依据规程实施监督。

- 对于对冲基金管理人的合规框架进行年度评估（包括合规手册）。

- 通过培训和其他适用于管理人业务的手段，提高员工对合规规程的认识。

2. 首席合规官应拥有足够资源以在必要时获得外部专家对合规事务的建议。这对在国际市场中运作的对冲基金管理人可能尤其重要。

3. 首席合规官应为履行职责安排足够的时间。

4. 员工应向首席合规官或其他指定人员报告所有合规事务。

5. 除首席合规官外，其他高级管理人员也可以受命监督特定领域的合规状况。

6. 首席合规官应参与对冲基金管理人有关的业务运作和全部合规程序，包括规则和程序的制定、合规监督等。

对冲基金管理人应考虑首席合规官的汇报次序，并制定出能够帮助高级管理人员适当参与合规规程的制定、监督和执行的汇报次序。

守则七十四

惩戒与制裁

对冲基金管理人应根据合规规程，果断处置不合规行为。为达到这一目的，规则和程序可作出如下规定：

●根据这些文件中注明的报告程序，应在内部向首席合规官报告不符合道德准则或者合规手册规定的行为。

●惩戒职责通常由高级管理人员承担。因此，首席合规官应向高级管理人员报告和建议适当的惩戒措施。

●如果有必要，首席合规官或者总法律顾问应对错误行为的指控和证据进行评估。

●一系列制裁措施可供采用，例如（根据错误行为的严重性和行为人的合规记录）训诫、谴责、停职、解职，适用情况下还可以要求赔偿和追缴所得。

守则七十五

年度合规评估

对冲基金管理人应至少每年评估一次包括合规规程在内的合规框架的有效性。

1. 对冲基金管理人所面对的监管环境处在持续演变中，因此对冲基金管理人应利用内部资源和（或）外部服务提供商，监督有关法律、规则和监管规定的所有变化。管理人应保证定期更新规则和程序，并适当地对员工进行有关培训。

2. 如果发生了触动直接变化的事件，对合规框架的某些方面进行更经常的评估将是适当的。首席合规官应评估合规框架的各个组成部分，评估应基于与对冲基金管理人业务有关的显著变化和重要因素，例如：

- 立法和监管的发展。

- 业务运作的变化。

- 对冲基金管理人的战略和产品的改变。

- 对冲基金管理人业务的增长。

- 员工行为。

3. 作为年度评估的替代选择，对冲基金管理人可以考虑对规则和程序进行全年循环评估或者采取其他适当的时间安排，以确保评估的及时性。

第六章
反洗钱

反洗钱框架

尽管财政部没有针对对冲基金和对冲基金管理人发布反洗钱规定，但基金及其管理人仍应当采纳和执行反洗钱程序，该程序作为业务操作规范，应符合美国《爱国者法案》第352条的规定。反洗钱程序应适应对冲基金管理人的业务运作需要，包括投资者的性质和所在地与第三方的关系，以及反洗钱规则在非美国司法管辖权地区的适用性。对冲基金管理人应做好准备证明包括主经纪人、银行和其他金融机构的对手方已经建立了反洗钱规程，而且他们的规程同本章的建立保持一致。

守则七十六

对冲基金管理人需要采纳书面的反洗钱程序，该程序应获得对冲基金或者管理人的高级管理人员批准。作为反洗钱程序的组成部分，对冲基金管理人应采纳书面规程，阻止和探查洗钱、与洗钱有关的行为、恐怖主义融资或违反国外资产控制办公室（the Office of Foreign Assets Control，OFAC）监管规定的行为。

对冲基金反洗钱程序应包括的基本要素：

- 合规官的指定。
- 内部规则、程序和控制措施的确立。
- 持续的员工培训计划。
- 用于检验程序和记录留存的独立审计职能。

高级管理人员

守则七十七

除批准反洗钱程序外，对冲基金管理人的高级管理人员也应当指定一名反洗钱合规官，并赋予该官员足够的权力和资源，以有效执行反洗钱程序。

1. 高级管理人员和反洗钱合规官应持续参与制定、采纳和执行反洗钱书面规程和控制措施，以协助确保对冲基金管理人反洗钱程序的有效性。

2. 反洗钱合规官的职责应重点包括以下内容：

● 根据适用的反洗钱法律、监管规定和自身的反洗钱程序，协调和监督对冲基金管理人的日常合规状况。

● 为与对冲基金管理人反洗钱程序有关的人员安排培训。

● 在适用情况下，基于已被识别的反洗钱风险，与高级管理人员协商决定是否接受或者拒绝投资者。

● 在适用情况下，与高级管理人员协商决定是否委托第三方执行投资者甄别程序。

● 评估对冲基金管理人所属员工提供的可疑行为报告。

● 安排执行独立审计，以评估对冲基金管理人的反洗钱规则和程序。

3. 反洗钱合规官可以承担其他职责，也可以为对冲基金管理人所属的多个部门服务。但是，反洗钱合规官不应在可能发生洗钱行为的部门承担职责（例如，不能负责处理投资者申购和赎回业务）。

投资者甄别规程

守则七十八

作为反洗钱程序的组成部分，对冲基金管理人应建立和维护投资者甄别程序，该程序应在合理的和可操作的范畴内，识别对冲基金的投资者。

1. 对冲基金管理人的投资者甄别程序的建立，应考虑其投资者基础要素中存在的特定风险。

2. 对冲基金管理人的投资者甄别程序应在管理人完成以下尽职调查步骤之一的前提下，才可以接受新投资者的投资：

- 对冲基金管理人已经合理地开始尽职调查，以确认仅代表自身利益而不代表任何第三方利益的直接投资者的身份。

- 如果投资者代表其他投资者进行投资，对冲基金管理人已经开始了对这两类投资者身份的尽职调查。

- 对冲基金管理人认为可以信任由第三方执行的投资者所进行的尽职调查，例如基金行政管理人或者投资者中介机构。

3. 对冲基金管理人在接受一项投资以前（或在接受以后的合理期限内），应完成适当的投资者甄别程序，以评估投资者身份和确认是否需要对该投资者进行额外的尽职调查。

4. 对冲基金管理人可以编制尽职调查清单，以提高投资者甄别程序的效果。

5. 对冲基金的申购文件一般应要求投资者：

● 承诺所提供的全部身份证明是真实的，所提供的所有相关信息是准确的。

● 同意提供对冲基金管理人认为必要的所有信息，使管理人得以执行其反洗钱职责与规定。

● 对于直接投资者，应表明系为本人独立投资，不代表任何第三方利益。

6. 对冲基金申购协议应包括投资者一系列通用表述，声明他们服从美国联邦、州和国际的各项法律和监管规定，以及与反洗钱和美国《爱国者法案》有关的一系列其他信息披露要求。表述还应包括与投资资金来源合法性有关的声明,是否为受限投资者或外国高级政治人物或涉足政治的人士。如果投资者是基金之基金,或者是代理机构或虚拟实体,则应进行投资者已经启用反洗钱程序的表述。

7. 为了确定个人投资者的身份,对冲基金管理人应采纳合理步骤确认投资者的姓名和住址,如果可能还应包括社会保险号或者纳税人识别码。如果资金是从反洗钱行动组织(Financial Action Task Force on Money Laundering, FATF[①])一个管辖区[②]内的金融机构汇给对冲基金管理人或者行政管理人的,而且在那里投资者被视为消费者,则一般不需要额外信息,除非投资者被认为是受限投资者或者高风险投资者。

8. 如果个人投资者的银行不在 FATF 管辖区内,对冲基金管理人应对投资者身份进行合理的尽职调查,从投资

---

① 该国际组织的任务是制定有效的反洗钱程序,主要由金融机构、监管机构和执法机构的代表组成。——译者注

② FATF 管辖区是指依照 FATF 的反洗钱规则,制定以风险为基础的反洗钱程序的国家或者地区。对冲基金管理人可以基于公开数据(例如国际毒品控制策略报告,the International Narcotics Control Strategy Report ,INCSR,它是由美国国务院发布的一份评估各国各地区洗钱风险的年度报告),将某些 FATF 管辖区视为洗钱风险较高的区域。

者处获得其他形式的身份证明（包括政府颁发的身份证明，例如带有照片的驾驶执照、护照、包含投资者名字和地址的公用事业账单、信用管理局的报告），或者其他通常可获得的公共信息，以证实投资者身份。

9. 除这些文件要求外，对冲基金管理人应当自投资者处取得他认为有必要的证明文件，以确认该投资者并非受限投资者或者高风险投资者。

10. 为了确定法人投资者的身份，对冲基金管理人应当采取合理步骤确认实体名称、地址、纳税人识别码以及进行预定投资的权限。如果资金是从 FATF 的一个管辖区①内的金融机构汇给对冲基金管理人或者行政管理人的，而且在那里投资者被视为消费者，则一般不需要额外信息，除非投资者被认为是受限投资者或者高风险投资者。

11. 如果法人投资者的银行不位于 FATF 管辖区内，对冲基金管理人应对投资者身份进行合理的尽职调查，从投

---

① FATF 管辖区是指依照 FATF 的反洗钱规则，制定以风险为基础的反洗钱程序的国家或者地区。对冲基金管理人可以基于公开数据（例如国际毒品控制策略报告，the International Narcotics Control Strategy Report，INCSR，它是由美国国务院发布的一份评估各国各地区洗钱风险的年度报告），将某些 FATF 管辖区视为洗钱风险较高的区域。

资者处获得其他形式的身份证明（例如能够证实公司存在的公司章程、政府颁发的业务许可证、合伙人协议或者信托证书等文件），或者其他通常可以获取的公开信息，以确认投资者身份。

12. 如果法人投资者既不是在主要的、受监管的交易所上市的公众公司，也不是 FATF 管辖区内的受监管机构，对冲基金管理人可以根据情况获取以下资料，增加对投资者身份的了解：

- 投资者在其所属司法管辖区内组织健全的证明。

- 董事、高管人员和主要持股人名单（目的是确认例如上述人士不是受限投资者），如果对冲基金管理人认为可以信任投资者提供的反洗钱证明，则该证明应说明投资者已经执行和遵守了反洗钱规则、程序和控制措施。例如，确认董事、高管人员或者持股人均不是受限投资者。在此类情形中，如果对冲基金管理人认为投资者有必要提供额外信息以证明他已经执行和遵守了反洗钱规则、程序和控制措施，则管理人应将该投资者视为高风险投资者。

- 如果存在信托关系，则需提供受托机构执行预期投资的证据和受托方提供的反洗钱证明（如果对冲基金管理人认为该证明可信），或者受益人、资金提供者（例如财产授予人）和其他任何有权转移信托资产人士的身份证明，以及受托人及代表受托人利益的行为人的身份证明。

- 对投资者主要业务范围的描述。

- 来自执法机构或者监管机构的公共信息。

- 在适用情况下，投资者的财务报表和（或）银行征信证明。

13. 如果信息不充分或者投资者甄别程序没有发挥作用，对冲基金管理人可以拒绝接受投资者的投资，并在可能情况下自愿提交可疑行为报告。如果投资者的申购对对冲基金的请求获得批准，反洗钱合规官应考虑是否有必要继续监督，并在适用情况下为管理层和反洗钱合规官进行评估并制订方案。

高风险投资者

守则七十九

如果对冲基金管理人有理由相信投资者具备同洗钱或

者恐怖主义融资有关的高风险特征，则在接受该投资者的投资以前，管理人应在执行标准的投资者甄别程序之外，对投资者加强尽职调查力度。

1. 针对高风险投资者的增强尽职调查程序应被完整记录，任何关于高风险投资者的问题或疑点都应直接报告给反洗钱合规官。相较于建立普通投资者关系而言，更高级别的管理人员应直接参与做出接受或者拒绝高风险投资者的决定，决策过程备忘录应存档。

2. 以下是可能被认为存在同洗钱和恐怖主义融资有关的高风险特征的投资者类型：

- 不在 FATF 管辖区内的投资者。

- 所在地或者主营业地不在 FATF 管辖区的私人投资公司。

- 外国高级政治人物/涉政人士或者此类人士的直系亲属或关系密切者。

- 在被 FATF 视为不合作国家或地区的法律管辖下，常驻、组织或者获准设立的投资者。

- 申购资金来源或者经由的账户开立于受限外国

空壳银行、离岸银行①、在不合作区域内组织或设立的银行，或者依据美国《爱国者法案》第311条应采取特别措施的银行或金融机构的投资者。

● 根据美国《爱国者法案》第312条，属于应增强尽职调查的外国银行类投资者②。

● 对冲基金管理人认为其申购资金可能不合法的投资者。

3. 为评估某些高风险投资者，以下是对冲基金管理人可以考虑采纳的措施：

● 根据美国政府机构和FATF等多边组织的声明和INCSR报告，评估投资者母国反洗钱和反恐立法的完善性。

---

① 此处的"离岸银行"是指持有银行业务许可证的非美国银行，但该许可证不允许持证机构面向发证主体司法管辖区内的居民开展银行活动，或者不允许使用当地货币开展银行活动。

② 依照美国《爱国者法案》第312条应进行增强尽职调查的外国银行是：（1）持离岸银行许可证进行运营的银行；（2）持有的许可证是由美国以外的国家颁发的，但该国已被由美国担任成员的政府间团体或组织依据国际洗钱规程判定为不合作国家，并且美国对该决定表示同意；（3）持有美国以外国家颁发的许可证，但该国已被（美国）财政部长视为涉嫌洗钱且应采取如爱国者法案第311条所述特别措施的国家。

● 通过媒体报道或者其他方式，评估投资者的商誉。

● 考虑投资者的财富来源，包括产生财富的经济活动，准备用于投资的资金来源；如果涉及外国国际政治人物或者涉政人士，采取合理步骤判断资金是否来自政治腐败。

● 根据可得的公共信息，例如媒体报道和其他公共数据库，判断投资者是否是任何指控、调查、起诉、定罪的对象，或者其他犯罪、民事诉讼、基于反洗钱法律和监管规则的规制行动的当事人，是否受到腐败指控，或同恐怖主义融资有关。

● 对于法人投资者，应评估其所有权和高级管理人员的近期变动。

● 对于法人投资者，应在适用情况下判断其与母国政府的关系，包括投资者是否是国有实体。

受限投资者

守则八十

某些潜在投资者存在不可接受的洗钱或者恐怖主义融

资风险，对冲基金管理人应视这些人为受限投资者，不得接受他们的投资或者其他人代表他们所进行的投资。

1. 对冲基金管理人应甄别以下的受限投资者：

● 根据适用法律或监管规定强制执行的受限名单中的个人或实体，包括由国外资产控制办公室（OFAC）管理的特定国家和受限人士名单，此类名单会不定期修订。

● 来自受限于 OFAC 制裁程序的国家或地区的个人或实体。

● 常驻、组织存在或者获准建立于特定司法管辖区的个人或实体，鉴于对洗钱的担忧，该司法管辖区已被美国财政部根据《爱国者法案》第 311 条认定为应实行特殊措施的区域。

● 外国空壳银行（见下文）。

2. 为确保不接受受限投资者的投资，或者没有允许OFAC 名单所列实体或个人的赎回请求，对冲基金管理人应更新所保留和使用的有关信息，以在必要时检索上述名单。

3. 对冲基金管理人不应接受来自或者代表受限外国空壳银行的投资。关于外国银行类投资者，对冲基金管理人可以考虑获得如下陈述：该银行（1）是现实存在的，或者不是现实存在的，但隶属于某个受监管的金融集团；（2）不为受限外国空壳银行提供服务。

基于风险的投资者监督

守则八十一

对冲基金管理人的规程和控制措施应规定对可疑行为进行侦测，并包括需要进一步评估以确定是否可疑的行为的类型和模式的例子。

1. 尽管对冲基金和对冲基金管理人目前并未被要求按照美国《爱国者法案》第356条监督和报告可疑行为，但是财政部金融犯罪执法网络（The Financial Crimes Enforcement Network of the U. S. Department of the Treasury，FinCEN）鼓励基金和管理人自愿提交可疑行为报告。而且，离岸对冲基金或者基金行政管理人可能被要求依照其所在司法管辖区法律提交类似的可疑行为报告。

2. 在某些情况下，以下行为或者请求虽然自身不构成可疑行为，但仍可能需要进一步调查：

● 投资者对对冲基金遵守政府的报告要求表示出

不寻常的担忧，特别是关于投资者身份，业务和资产类型方面的信息，或者是投资者不愿意或拒绝披露与业务活动有关的信息，或者是提供非常规或可疑的身份证明或商业文件。

● 投资者经常试图在正常时期以外申购或者赎回基金，尤其在收入被汇往无关的第三方或者外国银行账户的情况下。

● 投资者（或公开地与投资者有联系的人士）具有可疑背景，或者是有关违反刑事、民事法律或监管规则的新闻报道的主角。

● 投资者看上去是另一实体的代理人，但本人拒绝、回避或者不愿意提供任何信息以回应与该实体有关的问题，却没有正当的商业理由。

● 投资者希望进行与其声称的策略不一致的投资。

● 投资者很难描述他（她）的业务，或者缺乏其声称所在行业的常识。

● 投资者声称其不在 OFAC 的名单上，但在尽职调查和评估过程中，发现其名字在名单上。

● 投资者希望进行与类似投资者所期望的投资策略不一致的投资（例如，超出预期风险或者周期的投资），或者表现出缺乏对投资程序、相关风险、管理团队或对冲基金投资规划其他特征的关注。

● 投资者以不寻常的频率，在非紧急情况下进行投资、要求赎回或转账汇款（适当考虑直接投资者和投资中介的区别）。

● 投资者进行不寻常或者频繁的转账汇款（适当考虑直接投资者和投资中介的区别），尤其在汇往不熟悉的银行账户时。

● 投资者要求将赎回资金汇往不受监管的第三方，或者投资者原住国以外国家的银行账户。

● 投资者坚持用现金或者现金等价物进行交易。

● 投资者要求的转账方式规避了对冲基金正式文件的要求。

● 投资者缺乏对投资程序、相关风险和管理团队等事务的关注。

● 投资者难以描述要求将资金汇往不熟悉的银行账户或居住国以外司法管辖区的原因。

● 投资者进行不经济的转账（例如，在大量金融投资后即要求赎回，不在意对冲基金管理人对此类汇款征收的罚金数额）。

● 投资者要求汇款到以毒品走私著称的国家或者其他高风险国家。

● 投资者试图向其母国司法管辖区以外的司法管辖区汇款。

● 投资者要求将投资收益由外国政府转给私人。

● 投资者要求将投资转给不受监管的第三方，却没有合理的解释。

3. 基于自身风险评估，对冲基金管理人应定期评估其对当前投资者进行尽职调查的充分性。在适当情形下，对冲基金管理人应考虑对当前的投资基础进行定期评估，以确认投资者均不是受限投资者。

4. 此外，对冲基金管理人应考虑每年至少对公共数据库评估一次，以决定是否继续与其保持关系。

5. 对冲基金管理人应考虑采用某些程序，以确保它们仅接受来自 FATF 管辖区金融机构或者主要业务区域在 FATF 管辖区内的金融机构的汇款。对冲基金接受的来自投资者或者潜在投资者银行账户或经纪账户的资金，应在投资者赎回时存入相同账户。除非有充足理由并且经反洗钱合规官批准，该资金方可汇入其他账户。如果出现例外情况，而且反洗钱合规官或其他有关官员同意进行例外处理并批准汇款，该官员应记录允许汇款或者支付到其他账户的基本原因。如果没有反洗钱合规官或者高级管理人员的批准，来自投资者或潜在投资者的资金不能够被汇入或者存入其他投资权益。

6. 如果投资者要求提前赎回，反洗钱合规官应在高级管理人员的配合下，评估投资者提前赎回的理由，以判断是否存在反洗钱问题。与提前赎回要求有关的决定，包括批准赎回的基本原因，反洗钱合规官应记录并存档。

可疑行为报告

守则八十二

对冲基金管理人的反洗钱程序应要求发现可疑行为或者有理由相信可疑行为正在发生的员工，立即通知他（她）的直接上级和反洗钱合规官，后者应决定是否向执法机构报告可疑行为。

1. 对冲基金管理人应寻求建立有效的沟通渠道，以处置由对冲基金行政管理人或进行投资者尽职调查的其他第三方发现的可疑行为。例如，在法律允许的情况下，基金行政管理人或其他第三方应将其发现的同基金有关的任何可疑行为，立即通知管理人的反洗钱合规官。

2. 反洗钱程序应提醒全体员工可疑行为报告是保密的，不能够向任何参与此项交易的人士透露。对于对冲基金管理人、对冲基金或其董事、官员、员工、或者代理人而言，向任何参与交易的人士或者可疑行为报告提及的第三方透露报告内容都是违反《银行保密法》的，除非这是 FinCEN 或者适当的执法机构或监管机构要求的。

3. 反洗钱程序应安排对冲基金管理人必须执行的程序，在管理人受到传唤或者收到其他披露可疑行为报告（或报告中所包含信息）的要求时，该程序可以保持可疑行为报告的保密性。在这种情况下，对冲基金管理人必须拒绝提供可疑行为报告，或者拒绝提供可能透露该报告已经完成或存档的信息，并且向 FinCEN 寻求帮助。

4. 涉及恐怖分子融资或执行中的洗钱方案的交易，应立即通过金融机构热线（1 - 866 - 556 - 3974）报告给 FinCEN，并在可能情况下及时提出可疑行为报告。

OFAC 合规

守则八十三

对冲基金管理人应根据管理人的业务和对冲基金投资活动的性质，建立和保持以风险为基础的、符合 OFAC 监管规则的规程。

1. OFAC 监管规则适用于所有美国对冲基金和美国对冲基金管理人。

2. 对冲基金管理人的 OFAC 规程应为管理人建立以风险为基础的合作方尽职标准，合作方包括投资者、中介机构、对手方和基金投资的实体，管理人或者对冲基金同这些合作方发生交易。

3. 如果对冲基金管理人希望同常驻、注册或者主要经营区域位于 OFAC 名单国家或地区的合作方进行交易，或者合作方出现在 OFAC 的名单上，管理人应向反洗钱合规官报告这一信息，后者应决定是否回绝或者中断交易，是否必须向 OFAC 报告。

4. 对冲基金管理人应考虑要求对手方就其是否遵守适用的美国联邦、州或者国际反洗钱法律和监管规则进行陈述。

5. 对冲基金管理人应注意反洗钱规则和 OFAC 监管规

则中关于投资者尽职方面的一个重要区别。OFAC 的指引说明，它关于投资者尽职的要求扩展到了中介机构建立的综合账户的受益人①。

6. 经反洗钱合规官批准，对冲基金管理人可以将其 OFAC 规程部分委托给第三方（例如基金行政管理人），前提是反洗钱合规官对基金行政管理人的合规程序表示满意。

7. 如果对冲基金管理人将职责委托给其他实体，根据 OFAC 监管规则其并不能够免责。对冲基金管理人 OFAC 规程的任何外包部分的责任，仍由管理人的高级管理人员或其指定人员承担。

8. 如果对冲基金管理人识别出其认为应受 OFAC 规则管制的资产，应向外部顾问咨询该资产是否应被冻结，并联系适当的监管机构，履行报告义务。

第三方对反洗钱程序的执行

守则八十四

对冲基金管理人可以以合约形式将反洗钱程序某些方

---

① 见 OFAC "OFAC 视角下的开放证券和期货账户"（2008 年 11 月 5 日），和"证券业 OFAC 合规性的风险因素"（2008 年 11 月 5 日）。

面的执行和运营托管给其他实体，管理人经由这些实体开展业务。将反洗钱程序的某些职责进行托管的对冲基金管理人，仍对程序的有效性负有全责。

1. 对冲基金管理人选择的托管实体，可以包括基金行政管理人、投资顾问、集合商品投资运营商（Commodity Pool Operator）、商品交易顾问、经纪自营商（包括主经纪人）和商品交易顾问①。

2. 对冲基金管理人经常依靠销售代理商或者筹资商等第三方介绍投资者。同样，某些投资者中介机构，包括对冲基金之基金和代名人，可以代表其客户投资到基金中。这些第三方通常与投资者有直接接触并保持重要关系，处于了解投资者的最佳位置。因此，对冲基金管理人可以直接或者间接依靠第三方执行的投资者甄别程序。

3. 反洗钱合规官应直接参与选择和委托第三方执行对冲基金管理人反洗钱程序的某些部分（包括投资者甄别程

---

① 同此方式相一致，对冲基金管理人一般会委托基金行政管理人，依据对冲基金组织所在司法管辖区的反洗钱法和适用监管规则，完成投资者申购文件的制作。另外，在巴哈马、百慕大和开曼群岛注册的基金行政管理人，应在最近几年遵守上述司法管辖区的反洗钱法和监管规则。这些反洗钱法和监管规则详细阐述了基金行政管理人关于"了解你的客户"（Know–your–customer）的义务。

序和可疑行为报告），还应当判定委托是否和在什么程度上是合理且适当的。在指导最有成效的反洗钱和尽职调查工作时，此类决策通常建立在对冲基金管理人利益的基础上。考虑到适用的法律和监管规则，自己的投资者风险评估和可能的资源，反洗钱合规官可以决定忽略任何特定的洗钱问题，这通常适用于委托第三方执行特定的投资者甄别或者其他反洗钱程序，例如基金行政管理人，投资顾问，集合商品投资运营商或者商品交易顾问。

4. 基于同样考虑，反洗钱合规官也可以决定它是否应当（忽略任何特定的洗钱问题）依赖某些其他类型的第三方执行投资者甄别程序。这些第三方已经给对冲基金介绍了投资者，因此可能更适合执行这些程序。此类第三方可包括销售代理或者筹资商。此外，对冲基金可以依靠其他金融机构，例如：

● 受美国监管的金融机构，投资者是这个机构的客户，并且投资资金是从投资者在该金融机构的账户汇出的①。

---

① 此处使用的"受美国监管的金融机构"包括遵守美国《爱国者法案》的反洗钱条款的金融机构，例如注册的经纪自营商或者外国银行的美国分行或代表处。在怀疑该金融机构与投资者是否存在正式客户关系的时候，对冲基金管理人可以请求获得受美国监管的金融机构的表述，以确定客户关系存在和已经执行客户尽职调查。

● FATF 管辖区内的受监管的外国金融机构，投资者是该金融机构的客户，并且投资资金是从投资者在该金融机构的账户汇出的。

● 本身即是受美国监管的金融机构的投资者中介机构、代名人、对冲基金之基金或者筹资商。

● 本身即是 FATF 管辖区内受监管的外国金融机构的投资者中介机构、代名人、对冲基金之基金或者筹资商。

5. 尽管对冲基金管理人认可销售代理商或者受监管的外国金融机构的投资者甄别程序，但其程序可能不包含管理人反洗钱规程的全部程序（例如，判断投资者是否为受限投资者），此时管理人或者专门要求该外国金融机构确定其已执行必要的额外程序，或者在通过该金融机构接受投资者之前执行该程序。

6. 无论对冲基金是否将投资者甄别程序委托给行政管理人、投资顾问、集合商品投资运营商或者期货交易顾问来执行，或者是否依靠作为销售代理商或筹资商的金融机构，介绍投资者或办理基金投资业务，都应当在第三方、基金和基金管理人之间分清反洗钱责任。

7. 对冲基金管理人应以熟悉第三方反洗钱规则的方式，对这些规则进行尽职调查（例如，获得第三方反洗钱规则的副本或者摘要），并判断这些规则是否达到了管理人所要求的标准。

8. 与第三方的协议也应建立有效的沟通渠道，处理投资者尽职调查问题和可疑行为或出现可疑行为的情形。此类协议也应关注对冲基金或其管理人定期核查第三方遵守反洗钱规程和控制措施的情况时所采用的方式。

9. 对冲基金与基金管理人的协议应当特别分清基金行政管理人、基金及其管理人三者在遵守适用的美国和基金母国反洗钱法律和监管规则方面的责任[①]。

10. 在对冲基金管理人与中介公司或者筹资商的协议中，应当分清根据管理人所采纳的规则，各方进行投资者甄别的职责。

11. 作为决定是否委托或者依靠第三方执行特定反洗钱职能的组成部分，对冲基金管理人应对与第三方有关的所

---

① 对冲基金管理人可以（以书信或其他形式）寻求修订同基金行政管理人的现有协议。

有洗钱问题进行风险评估。应考虑第三方所在的司法管辖区，以及暗示其反洗钱程序质量的其他各种因素。这一点尤其重要，例如在面对非监管实体，或对冲基金管理人预先没有接受的司法管辖区内实体的时候（例如非 FATF 管辖区）。

12. 判断对冲基金管理人是否可以委托或者依靠第三方执行某些反洗钱职能，管理人可以在适当时考虑以下各个因素：

● 第三方所在的司法管辖区，以及适当的反洗钱法律和监管规则的存在。为获得对另一司法管辖区反洗钱制度的信心，对冲基金管理人可以回顾美国政府机构和多边组织关于其他司法管辖区反洗钱法律和监管规则的声明①。

● 第三方及其附属机构的监管状况。

● 第三方在投资行业的声誉和历史。

● 第三方执行的反洗钱和投资者尽职调查规程和控制措施。

———————————

① 就此而言，对冲基金管理人可以参考 FATF、FinCEN 的声明和出版物，以及国务院的 INCSR 报告。

13. 对冲基金管理人应判断是否需要第三方的更多保证，也可以考虑以下一些可能性：

- 要求第三方向对冲基金管理人提供其反洗钱和投资者尽职调查规程和控制规定的复印件，并督促其及时向管理人通报新修订的内容。

- 要求第三方保证和立约承诺其将持续遵守反洗钱和投资者尽职调查规程和控制规定。

- 要求关于第三方已甄别投资者的有实质内容的书面表述和契约，例如，保证所有投资者都不是受限投资者的保证书。

- 要求第三方在需要时提供查阅投资者尽职调查文件复本的便利。

- 要求第三方提交关于其反洗钱规程和控制规定的评价或者审核文件，和它在涉及对冲基金管理人所管理对冲基金时遵守这些规程和控制规定的情况。

14. 如果对方是中介机构或者代名人，则力求获得关于其执行预定投资的授权的证据或表述。

额外的《银行保密法》要求

守则八十五

对冲基金管理人的反洗钱程序应足够宽泛，以应对《银行保密法》下额外的适用要求。

1. 考虑到现金交易和洗钱的关联性，对冲基金管理人应考虑限制接受现金或者现金等价物，如汇票或旅行支票。如果采纳此项规则，例外请求应获得反洗钱合规官的批准，并尽可能在 IRS/FinCEN 8300 表中填写现金交易报告。

2. 根据美国《爱国者法案》和国内税收规则，对冲基金管理人和每一只对冲基金必须报告超过 10000 美元的与现金或者现金等价物有关的交易。该交易应填报在 IRS/FinCEN 8300 表中，报表应在收到现金或者现金等价物 15 日之内提交。反洗钱程序应阐述这些要求，对填报表格的时间安排，以及禁止为规避报告要求而将现金交易结构化的法律禁令。一旦甄别出结构化模式，应通知反洗钱合规官。

3. 反洗钱程序还需对美国对冲基金和对冲基金经理的报告责任做出安排。这些责任要求报告在一年内任何时间，在非美国金融账户累计超过 10000 美元的金融利益、签字权或其他权利。账户包括在国外的银行、证券或者其他类型的金融账户。此类报告每年须以 FinCEN 的 TD90M22.1 表格形式填报，并在次年 6 月 30 以前完成。MFA 已就报告的规则和对冲基金业经常出现的情况向 IRS 寻求指引。

4. 反洗钱程序还应就对冲基金及其管理人提交关于现金或类现金货币工具（如全部的旅行支票，各种其他的可转让票据，注明持票人的证券）转移的报告职责做出安排。此类转移的总额应超过 10000 美元，并且转移目的地是美国，报告名称为"国际货币或货币工具转移的海关业务报告"（FinCEN 105 表或"CMIR"）。程序还应禁止为避免 CMIR 报告要求而进行的交易结构化。所有关于 CMIR 报告的问题，都应直接向反洗钱合规官报告。

员工培训计划

守则八十六

对冲基金管理人的员工应普遍知晓管理人所采纳的反洗钱规程，并获得关于如何执行反洗钱程序下员工职责的适当培训。

1. 对冲基金管理人应尽可能为所有相关人员建立定期培训计划。应根据员工职责及其接触可疑行为的职能确定培训的水平、频率和重点。这些可疑行为可能导致洗钱或能够触发《银行保密法》报告义务的交易。对于其职责可以使其接触此类交易或者行为的员工，应在其承担有关职责时即开始培训，并在员工受雇期间定期举办相应培训。通过反洗钱合规官认为必要的额外培训，员工可获知所有新的监管要求。除其他事务外，培训计划应当：

● 评估适用的反洗钱法律和监管规则，以及洗钱的近期趋势，包括法律趋势与对冲基金相联系的途径；

● 明确对冲基金管理人反洗钱程序的要点，特别是投资者甄别规程中关于可疑行为侦测的部分。

2. 对冲基金管理人应开发和保持规程和控制规定，以确保所有相关人员均按要求参与反洗钱培训计划。

独立审计

守则八十七

对冲基金管理人的反洗钱程序应包括独立审计，以促进遵守该程序及提高其有效性。在独立审计的基础上，对冲基金管理人应对反洗钱程序进行适当或者必要的修订。

1. 独立审计职能应涉及：

● 对冲基金管理人的法律和合规董事或者官员，外部审计师或法律顾问，对管理人遵守适用的反洗钱法律和监管规定及其自身反洗钱程序的情况的评估。

● 向对冲基金或对冲基金管理人的董事会下的审计委员会或者类似监督部门报告评估结果。

2. 对冲基金管理人的反洗钱程序也应提供适当的跟进措施，以确保在审计过程中发现的所有不足都能得到处理和纠正。

3. 对冲基金管理人应根据现行反洗钱法规的修订和所管理的对冲基金的投资者基础的特征变化，定期审核和更新反洗钱规程。特别地，对冲基金管理人应确保投资者尽职调查单和程序能够定期更新，规程的变化应由反洗钱合规官独立审核和批准。

记录留存

守则八十八

对冲基金管理人应建立程序，以确保根据反洗钱程序进行的所有档案记录的保存期都在 5 年以上，或者适用法律和监管规则所规定的更长期限。

对冲基金管理人应保存的档案记录清单至少应包括：

● 作为投资者甄别程序组成部分的、经审核的文件副本。对冲基金管理人可以规定这些文件应在投资者投资期间及此后至少 5 年内得到保存。

● 以下是对冲基金管理人可能希望作为投资者甄别程序的记录留存规则部分的、应得到保存的文件类型的例子：

（a）与投资者甄别程序或者增强尽职调查程序有关的经审核的文件副本；

（b）如有的话，投资者甄别清单或者类似的尽职调查档案；

（c）适用的反洗钱法律要求留存的其他所有文件；

（d）对冲基金管理人应保存与其代表对冲基金完成的需报告的交易有关的全部档案、记录和通信的副本，包括所有的可疑行为报告及有关的支持性文件；

（e）所有已完成的反洗钱培训课程的记录，包括培训课程的时间、地点和参加者的姓名及所属部门。

第七章
业务持续性/灾难恢复原则

总体原则

在任何联邦、州或者非美国监管者处是否进行了注册，对冲基金管理人作为受托人，都对客户负有某些责任，包括照顾客户的责任。一旦发生自然灾害，市场交易中断，恐怖袭击，关键人失踪，或者与业务有关的紧急情况，这项责任要求对冲基金管理人应首先保持其基本运营和服务的持续性。业务持续性，灾难恢复和危机管理计划，应包括以下原则。

守则八十九

任何业务持续性/灾难恢复计划（Business Continuity/Disaster Recovery Plan，BC/DR Plan）应合理制订以实现：（1）对重要业务职能进行识别和排序；（2）保护对冲基金管理人的员工免受伤害；（3）允许管理人的关键业务有秩序地连续运营；（4）保护客户资产；（5）一旦发生业务中断危机，允许管理人保持与客户、对冲基金投资者、监管者和其他当事人的沟通。

守则九十

对冲基金管理人应制订、执行和定期检测全面的 BC/DR 计划。

1. BC/DR 计划应适合对冲基金管理人的独立运作，此外还需要提供清晰的书面规程，以帮助管理人准备处置能够对员工、投资、管理和其他运营要素产生显著影响的事件。

2. 在制订 BC/DR 计划的过程中，对冲基金管理人应逐一识别和复制对业务、清晰的业务恢复和重启目标而言的系统及服务中枢，以达到 BC/DR 计划的根本目标。业务持续性计划是 BC/DR 计划所包括的所有重大业务决策的整体功能。

3. 业务行为规范和对冲基金管理人对客户的受托责任，都要求它保持回应紧急情况、意外事件和灾难的程序。并不存在通行的 BC/DR 计划。每个 BC/DR 计划都应包括长期和短期策略，并且适应对冲基金管理人自身的需要。BC/

DR 计划因对冲基金管理人的规模、性质、活动的复杂性、管理人的资源和对管理人执业能力的威胁而有所变化。

4. 全面的 BC/DR 计划应解决的问题包括但不限于失去主要的：（1）人员；（2）设施；（3）技术；和（4）设备/服务。这些损失是由于：

- 自然灾害。

- 在对冲基金管理人办公地点所在地发生的、可预测的天气和地理事件。

- 火灾。

- 恐怖行动。

- 流行病。

- 信息技术系统失灵或者崩溃。

- 类似的高破坏性事件。

5. 对冲基金管理人在制订 BC/DR 计划过程中，适用的最低限度行动应包括：

- 识别和评价所有的关键任务系统，财务评估和运营，中、后和前台功能和设备，外包依赖性和关系，失败的可能性和最低服务要求。

● 识别和评估可能影响对冲基金管理人执业能力的信用风险和潜在风险。

● 建立位于一个或多个地区的后备设施和系统，独立于对冲基金管理人的主要设施和系统（例如，主要和后备设备可以位于不同的地区，可以使用不同的电网和电信运营商），后备设施和系统可以包括临时使用设施、系统和由第三方提供的员工等安排。

● 考虑恢复点所需要的员工、空间、物资和设备的类别及最低数量。

● 备份或者复制重要文件和数据，并在线下以纸质或者电子方式保存这些信息。

● 考虑第三方可能遭遇的潜在业务中断风险，并设法最小化其影响。

● 考虑如何满足监管机构的报告要求。

● 制订面向重要参与方的沟通计划，例如员工、客户、经纪人、服务提供商、灾难恢复专家和监管机构。

● 决定一旦不能够继续开展业务，管理人应如何保护或者有序清偿客户资金和证券。

6. 对冲基金管理人应识别潜在的突出事件，并进行业务分析以将这些事件排序并制定应对措施。对冲基金管理人应考虑各类灾难的影响，如无法进入一个或一组关键系统的风险，可接受的最长停业时间和每一系统或者功能的目标复原时间。在确定可接受的最长停业时间时，除考虑基本功能的重要性外，对冲基金管理人还应考虑灾难发生的可能性，并对不同的风险处置方法进行成本收益分析。BC/DR 计划应当可以扩展，来处置不同的情况和潜在破坏可能性的变化，以及综合的潜在影响。

7. 除考虑可接受的最长停业时间和目标复原时间，对冲基金管理人也应当考虑目标数据恢复点，以建立管理人需要的数据基准并从以后的事件中恢复。

8. 对冲基金管理人也应考虑建立检查清单，以在业务中断或者撤离的情况下，允许重要功能仍可在短时间内运行，以协助系统恢复和重启管理人运营。

9. 对冲基金管理人应考虑建立一个矩阵或者类似机制，用以识别每项职能的重要性，以及发生业务中断事件后的目标恢复时间和数据恢复点。

10. 有效的 BC/DR 计划应最大限度地允许适当的员工有能力监督对冲基金管理人的组合头寸，并在市场紧急情况或者严重的市场混乱发生时，能够执行必要的交易工作。

11. 根据对冲基金管理人的运营、风险、规模和预算约束等条件来看，管理人应对现有经营场所不能使用时，启用替代设施作出安排。在考虑替代设施安排时，对冲基金管理人应关注恢复技术和业务流程的能力、允许的最长恢复时间，目标数据恢复点和其他需要考虑的事宜。对某些对冲基金管理人而言，应包括建设作为备用站点或镜像站点的替代设施。"备用站点"应配置全部系统硬件、基础设施和保障人员。"镜像站点"则更加完备，因为它配置了全套基础设施、系统和数据。对冲基金管理人应确保一旦短期无法进入管理人办公室，指定人员能够从家里或者其他设施进入适当的设备和通信设施。

12. 在为替代设施选址时，应考虑对冲基金管理人已识别的存在潜在威胁的地理影响。

守则九十一

全面的 BC/DR 计划要求高级管理人员安排充足的内部员工、系统、设备和资金等资源，以使对冲基金管理人能够实现 BD/DR 计划的基本目标。如果对冲基金管理人没有内部员工和资源实现此目标，则应当聘用第三方专家和服务提供商，帮助其制定和执行 BC/DR 计划。

1. 制订 BD/DR 计划，要求参与对冲基金管理人各方面运营的高级管理人员参与制订，涉及 IT、司库、会计、交易和运营等部门。

2. 对冲基金管理人应指定专人为制订、监督和实施计划最终负责。

3. 应清晰界定员工在 BC/DR 计划中的作用和职责。

4. 对冲基金管理人应判断在 BC/DR 计划的制订或者执行部分，是否有必要使用第三方服务提供商和供应商。对于运营规模较小的对冲基金管理人，寻求拥有相应专业技术的外部第三方协助，是比较明智的。

5. 依赖第三方操作关键系统的对冲基金管理人，其 BC/DR 计划应处理好双方关系，并为监督第三方的执行做好准备。

守则九十二

在制定 BC/DR 计划时，对冲基金管理人需要识别和复制所有必要的系统信息，以保证客户组合资产的安全，保持其管理的对冲基金的投资活动能够不间断进行，并可且可以持续遵守监管报告要求和履行对业务运行必不可少的合约责任。

1. 对冲基金管理人应考虑一旦主电源中断，需保证现场备用电力（如不间断电源、发电机）及时发挥作用。

2. 如果内部员工在提供备用信息技术和其他服务方面没有受过培训，对冲基金管理人应考虑同外部顾问共同工作，以判断它的需求和作为 BC/DR 计划组成部分的、用于满足这些需求的可得的技术和服务。对冲基金管理人也可以考虑使用外部供应商备份、复制、储存和保护文件。

3. 硬件和通信（如互联网、电话）备份应包含在 BC/DR 计划中。

守则九十三

对冲基金管理人需要至少每年一次（适当时可以提供频率）检测 BC/DR 规程并对员工进行培训。

1. 如果一个全面的 BC/DR 计划不能在需要时得以执行，它就不具有实际应用价值。BC/DR 计划可能需要在极端压力状况下执行，因此相关人员应充分熟悉计划细节。

2. 培训应确保所有员工理解他们和对冲基金管理人应对员工、投资和其他关键运营业务有显著影响的事件。BC/DR 计划摘要和适用于所有员工的特殊规定的讨论应包括在内，例如疏散流程，替代工作地点和系统，联系人，警报和准入系统等方面。

3. 对冲基金管理人应考虑向承担同 BC/DR 计划有关的关键职责的员工提供额外培训。

4. 对冲基金管理人的运营发生重大变化时，至少每年（适当时也可以提高频率）管理人需要评估和测试作为其 BC/DR 计划组成部分的规程，以确认根据适用法律、监管规定、准则和其他周边环境，这些规程足以达到预期目的，能够按照设计得到实施和执行，所有的员工都理解其各自在规程中的任务。根据评估和测试结果，对冲基金管理人应在必要和适当时更新这些规程。

5. 测试的等级应与有关业务流程的重要性和中断风险相称。

6. 应将测试结果与具体的目标恢复时间相比较。通常，不必将目标恢复时间看作必须在每次紧急情况中都必须达到的、固定不变的底线。同业务中断有关的各类外部因素，例如当日时间，中断规模和重要基础设施状况——特别是通信基础设施——能够影响实际的恢复时间。

7. 对冲基金管理人应考虑定期模拟全公司范围的灾难情境，以测试 BC/DR 计划的实施效果。

8. 计划的测试、实施（或者部分实施）和结果，应全部记录在案（注明结果的有效性和变化）。

9. 对冲基金管理人应考虑留存数据保护行为的可审核跟踪记录，以使这些行为承担起系统维护的责任，从而保证对重要数据和系统的保护符合规则。

在制定、维护和实施 BC/DR 计划的过程中，对冲基金应指定监督人或者监督团队，在发生灾难或者意外的业务运营中断时，承担检查监管报告合规性的全部职责。

对冲基金管理人可以遵从美国或国际监管机构的多项报告要求。监管机构可能不会由于发生灾难而免除对冲基金管理人的监管报告义务，特别是当灾难仅针对管理人，或者仅发生在小型区域内。

应急计划，危机管理和灾难恢复

守则九十四

对冲基金管理人的 BC/DR 计划需包括，在暂时或者永久失去关键员工的情况下，用于确保业务运营持续性的规则和程序。

1. BC/DR 计划应规定，要迅速向客户、对冲基金和其他投资者披露关键人事件。

2. BC/DR 计划应确保遵守所有基金文件或投资者/对手方协议中关于关键人的条款。

3. BC/DR 计划应考虑针对关键人事件的潜在的投资者行动（如，撤回资金）。

4. 对冲基金管理人应拟定失去关键人时的接班人计划。

5. 对冲基金管理人可以考虑在员工中进行交叉培训，以确保员工能够执行维持业务持续性所必需的、最低限度的非创收职能。

守则九十五

对冲基金管理人的 BC/DR 计划需要包括用于以下目的的规则和程序：（1）在自然灾害、市场混乱、恐怖袭击或使工作环境不安全的其他情况发生时，保护和（或）疏散人员；（2）当此类情况导致员工不宜到达或在管理人办公地点以外工作时招集员工。

1. 全面的 BC/DR 计划用于应对和准备：（1）潜在的即时疏散的需要；（2）造成对冲基金管理人办公地点瘫痪的任何情况。

2. 准备替代办公场所的对冲基金管理人，应查明该场所能够容纳多少员工，以及可供使用的设施和服务有哪些。管理人应查明执行重要职能所需的、必要的最低数量员工，和哪些员工可以在短时间内被重新安置在替代办公场所。对冲基金管理人应尽可能估计员工被重新安置在另一地点的可能性，并需要将员工家人的安全问题列入 BC/DR 计划。

3. 如果天气预报已经预测到自然灾害，对冲基金管理人需要考虑是否在灾难发生前"激活"其恢复站点和（或）系统。

守则九十六

对冲基金管理人的 BC/DR 计划需要包括与员工、客户、投资者、服务提供商和其他对管理人业务运营有重要作用的第三方进行联系的清晰程序。该程序应包括主要的和备用的通信方式（例如：电话、电子邮件或者应急通信方式）。

1. 有效的沟通计划要求对冲基金管理人认识到计划的基础部分。因此，管理人应保存关键员工和第三方的联络信息清单。例如，应包括高级管理人员、组合经理、风险经理、经纪商和交易对手、法律和合规官员、人力资源、顾问（例如法律顾问和审计师）、供应商和灾难恢复专家。

2. BC/DR 计划应包括联络关键人士的流程。对冲基金管理人应考虑当存在实际的或者潜在的破坏性事件或紧急情况时，是否即时或提前提醒员工及关键外部合作方列入沟通计划。

3. 沟通计划应包括提醒员工和关键外部合作方的多种方式，并且根据事件或者事件紧急情况的状态，定期更新提醒方式。

4. 沟通计划应包括发生破坏性事件时的电子邮件规则。

5. 对冲基金管理人应考虑在发生明显影响管理人设施的灾难时，使用网站（如果有的话）或者免费电话联络员工、投资者和其他合作方。

6. 对冲基金管理人，特别是没有在另一地点设立替代办公场所的管理人，应考虑装备号码为外地区的手机，和带有无线卡的便携式电脑。在地区性灾难中，地面通信线路和本地手机都被证明是不可靠的。与此类似，通过本地中转站接转的电话也是不可靠的。

7. 对冲基金管理人应特别出于应对人员疏散或者地区性灾难（如恐怖袭击、疾病或者自然灾害）的考虑，建立员工签到流程。

守则九十七

对冲基金管理人的 BC/DR 计划应考虑地理、记录可得性、安全、环境和成本等因素，制定文件和 IT 应变安排。BC/DR 计划需要安排备份、复制、存储和保护对管理人业务运营而言的重要文件的软、硬复印件，包括与监管要求有关的记录、交易记录和通信记录等。

1. 有关员工应就如何从后备地点获取数据和记录接受充分培训。

2. 基于对冲基金管理人业务的复杂性，数据备份和同步的复杂性会发生变化。包括但不限于：更短的可接受中断期，更大的数据量，以及主要地点与备用地点的距离。备份程序可以是周期性的（例如每天一次）或者是同步的。如果备份件仅是周期性产生，例如在每天结束时，对冲基金管理人应考虑在当天结束前发生的破坏性事件，可能造成潜在的数据损失。

3. 对冲基金管理人应努力确保备用设施中的备份数据有充分的物理安全和进入控制措施。

4. 对冲基金管理人如保存有客户实物资产（如股权证和支票），则需承担额外风险。应采取行动确保上述资产被保存在安全地点，该地点应能够抵御所有预期灾难。应保存此类资产的实时存货记录，并根据管理人的备份程序对该记录进行备份。

守则九十八

对冲基金管理人需要制订应急计划，应对一旦发生灾难、市场中断和其他触发 BC/DR 计划的事件时，重要对手方或者服务提供商发生故障。应急计划需要评估故障如何在最低限度影响管理人的运营、投资或者其他风险。重要的对手方和服务提供商可包括交易系统、经纪商和首席经纪商，银行，基金行政管理人（如果有的话），清算系统，数据提供商，异地预留仓库、信用提供商和其他服务提供商。

1. 对冲基金管理人应确认与银行、经纪商、基金行政管理人（如果有的话）、其他服务提供商和（或）对其运营有重要作用的对手方的关系，并评估重大破坏性事件或者灾难对重要关系产生的影响。

2. 对冲基金管理人应熟悉重要对手、服务提供商和经常参与交易的市场的 BC/DR 计划。

3. 应急计划需要应对提供重要服务的第三方故障，包括可能使用替代服务提供商的需要。

守则九十九

在适用情况下，对冲基金管理人应保持了解和使用联邦和地方政府、监管机构、国际监管机构和非政府机构的资源，这些机构收集和发布威胁金融服务部门的信息，并提供威胁现实安全和网络安全的信息。

1. 就联邦、州和地方政府提供的威胁警告服务而言，对冲基金管理人应将研究订购这些服务视为 BC/DR 计划的一部分。这些服务中的一项是金融/信息共享报警中心（FS/ISAC,*www. fsiac. com*）提供的。

2. 全国期货协会要求其 CTA 和 CPO 会员在协会网站（*www. nfa. futures. org*）上保存其 BC/DR 计划。

3. 美国证监会要求注册投资顾问在其网站（*www. sec. gov/ spotlight/continuity. htm.*）保存 BC/DR 计划。

4. 有国际业务的对冲基金管理人也可以咨询"金融工具市场指令"（Markets in Financial Instruments Directive, MiFID），他们提供关于 BC/DR 计划的展望。

附　件

附件一

关于对冲基金管理人风险监控
操作的补充信息

　　本附件的目的是补充说明包含在第四章中的风险管理操作。附件描述了当前可行的风险管理技术和方法的一般安排，提出了应作为对冲基金管理人风险监控规范组成部分的特定技术和方法。后者的论述从对冲基金管理人的角度，对估值、流动性和杠杆做了进一步解释。

　　本附件在第一部分——管理，交易和信息技术控制，对对冲基金管理人所面对的风险进行了概述。监控市场风险的操作（第二部分——对投资者的责任）、资金流动性风险（第三部分——净资产值的测定），和杠杆（第四部分——风险管理）组成了本附件的核心内容，并涉及以下关键议题：

●风险监控技术。本附件将一般性地讨论在金融市场中常用的某些风险管理技术——VAR、情景分析、压力测试和回测检验。

●分析资金流动性风险的重要性。虽然附件所描述的资金流动性的度量方法也应用于其他行业，但是如果资金流动性影响到对冲基金的生存，管理人应对此给予密切关注。

●对冲基金的杠杆。尽管并非只是对冲基金才使用杠杆，但内在的市场风险和资金流动性约束，给对冲基金管理人制造了针对特定问题的杠杆放大效应。本附件描述了一组静态杠杆测量方法（包括基于财务报表和基于风险的杠杆测量方法），也描述了能够给对冲基金管理人提供额外信息的动态杠杆测量方法。本附件最后描述了监控对手方信用风险的操作（第五部分——监管控制）。由于对冲基金通常与具有较高信用的对手方交易，因此相较于其他风险源，对手方信用风险可能较少受到对冲基金管理人的重视。尽管如此，对其给予适当的监控仍然是必要的。

概述：对冲基金管理人所面对的风险

有效的风险管理要求对冲基金管理人识别和理解对冲基金的收益来源（例如，对冲基金的风险敞口）。因此，对冲基金管理人的风险管理团队的首要职责是识别和量化风险源。

尽管观察家们经常将风险划分为四大类——市场风险、信用风险、流动性风险和操作风险①。认识到这些风险是相互联系的，仍然十分重要。事实上，对冲基金管理人应认识到，市场风险包括了信用风险和流动性风险要素。市场风险关注证券和衍生品的价格（利率）变化，这些价格的波动性，以及证券价格与价值之间的相关性。但是，流动性风险和信用风险要素也有相似的关注。例如：

● 流动性变化对证券或者衍生品价值的影响。该流动性风险要素有时被称为资产或者市场的流动性风险。

---

① 如果潜在损失同主权的财务清偿能力有关，主权风险可以被视为"信用风险"；如果潜在损失同改变头寸市值的主权决策有关（如货币控制措施），主权风险也可以被视为"市场风险"。"法律风险"除前述主权风险所涵盖的内容之外，应包含在"操作风险"的范畴内。

● 实体信用的变化对该实体发行的、或与该实体挂钩的证券或衍生品所产生的影响。

由于这三类风险都明确关注一项资产或者组合的价值变化，对冲基金管理人应综合监控和管理这些风险（例如，将它们视为一个整体，而不是互不相关的单个风险集）。因此，在本附件的第二部分，"市场风险"将包括同组合内的资产有关的信用风险、资产的（或市场的）流动性风险，和更常见的市场风险因素，包括利率风险、汇率风险、股价风险和大宗商品价格风险等。

除了对对冲基金持有的证券或者衍生品价值产生影响以外，资金流动性的变化还能够影响对冲基金管理人的融资能力。本附件的第三部分将说明为什么相较其他实体，此风险对于对冲基金管理人而言尤其重要，并将描述对冲基金管理人应采用的监控资金流动性风险的技术。

对冲基金管理人也应考虑"杠杆"问题。但是，杠杆并非独立的风险源；它是影响市场风险、信用风险或者流动性风险改变组合价值的速度的因素。事实上，就对冲基金而言，有必要考虑杠杆是否意味着：

● 单一的杠杆数量不可能包括太多信息。正如本附件将说明的一样，减少风险的交易可能在减少某些杠杆措施的同时，增加了另外一些风险。

● 杠杆化头寸的流动性和价格波动，同杠杆的有效性相关。对冲基金使用 10 倍杠杆持有的一年期国库券的风险，可能比 2 倍杠杆持有标普 500 指数相关头寸的风险更小。

● 对冲基金承担损失的能力——它的"资金流动性"——同杠杆的有效性有关。应根据对冲基金承担风险的能力来评估杠杆。拥有相对高质量财务报表的对冲基金所使用的高杠杆，可能比那些仅有少量现金、有限的借贷能力，或者投资者可以在很短时间内赎回的对冲基金所使用的低杠杆，面临更小的风险。

● 其他因子也可能同对冲基金使用杠杆的有效性相关，包括头寸集中度、市场的总体波动性和相关性条件，以及对其他一些特定情况。

风格化投资组合

在本附件的第二、三和四部分，一批风格化的投资组合和资产负债表会被用于说明和比较市场风险、资金流动性风险和杠杆的度量方法。正如下文所描述的，这些单一组合是三种假想证券（表示为资产 1、资产 2 和资产 3）和两种衍生合约的不同组合。其中第 2 种证券是相对低风险资产，年波动率为 30% 和 25%。第 3 种证券是年波动率 60% 的高风险证券。两种衍生品是两种低风险证券的简单期货合约；因此它们同这两种证券的波动率相同。

每个组合都是简单资产负债表的组成部分。假设投资者实体对每项策略投入 100 美元。为计算所有风险，风格化资产负债表列出了现金头寸，期货保证金头寸和反映融资交易的负债账户。期货保证金为 10% 的现金，并且不能记入流动资金。此外，最多可以借入 50% 的资产 1、资产 2 或者资产 3，卖空所得的 50% 可以用于投资。

已经计算了每个组合的市场风险、流动性风险和杠杆。注意并非每类风险都与每个组合相关。

- 组合 1 和 2 具有相同的市场风险，但它们执行策略的投资对象不同。组合 1 投资于资产 1 但不使用杠杆；但组合 2 使用资产 1 的期货合约执行相同的策略。
- 组合 3 和 4 是杠杆化的组合 1 和 2。财务杠杆的使用（组合 1）或者投资于衍生合约（组合 2）导致组合的市场风险增加。

●类似于组合3和4，组合5比组合1和2的风险更大。基金管理人没有使用传统的杠杆，而是将低风险策略（投资于资产1）转换为高风险策略（投资于资产3）。

●组合6和7利用多头和空头投资，表明保持一种资产的多头和另一种正相关资产的空头所产生的影响。组合6的策略仅用于现货市场，但组合7通过使用现货和期货，承担了相同的市场风险。正如后文将提及的，这些组合表明随着组合规模的增大，复杂性会出现——虽然组合6和7的风险通常小于组合3和4，但在某些条件下，它们的风险会变得更大。

●组合8和9是用于说明无论在期货市场还是现货市场，匹配账面资产都会对度量传统的杠杆和流动性产生影响。组合8和9代表了与组合1和2相同的净头寸；但是，头寸是通过持有资产1的空头或者资产1的期货（例如，M20）与持有相同资产的多头（例如，100）来建立的，而不是仅仅建立多头头寸（例如，80）。

表 1　风格化投资组合（Stylized Portfolios）

	不使用杠杆的现货与期货投资		使用杠杆的现货与期货投资		无杠杆的高风险投资	多/空策略现货与期货投资		账面资产匹配的无杠杆策略	
	现货投资	期货投资	杠杆化的现货投资	期货投资	高风险现货投资	多/空现货投资	多/空混合投资	有对冲的现货投资	有对冲的期货投资
组合	1	2	3	4	5	6	7	8	9
资产负债简表									
资本	100	100	100	100	100	100	100	100	100
负债（直接借入或回购）	0	0	30				30		
投资									
现货市场交易									
资产 1	80		120			120	120	100, −20	
资产 2						−60			
资产 3					80				
衍生品市场交易									
资产 1 期货		80		120					100, −20
资产 2 期货							−60		
现金	20	92	10	88	20	10	4	10	88
期货保证金		8		12	0	0	6	0	12

如表 1 所示，对于对冲基金管理人而言，持有证券的价格变化所导致的信用水平的改变，能够影响组合价值，因此信用水平的变化也被看作市场风险。但是，对冲基金管理人也面临对手方信用风险。对手方信用水平的变化，能够以增加对手方失败所导致期望损失的方式，或者迫使对冲基金管理人寻找替代对手方的方式，提高对冲基金的运营成本。

对冲基金管理人所面临的操作风险同其他金融机构比较相似——数据输入错误、欺诈、对账失误、系统失败、估值或风险管理模型错误。其他机构采用的旨在处置这些风险的技术和操作，同样适用于对冲基金。正如在建议中提到的，这些技术和操作包括随机抽查单一且集中的数据保存装置，以及为应对对冲基金管理人的系统故障或者第三方服务提供商故障而制订的应急计划。

市场风险

包括与组合内证券和衍生品有关的信用风险、资产流动性风险、利率风险、汇率风险、股价风险和大宗商品价格风险。

对冲基金管理人应采用一致性框架度量组合的损失风险（和组合的有关组成部分）。为了管理对冲基金面临的风险，风险管理团队需要开发一些有用的风险度量和分析工具。但是应由对冲基金管理人来选择度量风险的框架或者模型，管理人应清楚所选择模型的结构性局限，并积极管理这些局限（包括模型故障的影响）。

例如，度量组合多元化程度的方法（不同资产类别或者不同地区的资产在组合中所占比例）可能有用，但是对冲基金管理人识别和理解头寸间的相关性仍然十分重要。对于复杂组合而言，许多简易的市场风险度量方法不能够反映这些相关性。一个包含了头寸间相关性的简易市场风险度量模型是 VAR。VAR 在组合的特定持有期和特定置信水平下，度量了组合价值的期望最大变化。例如：如果 95% 置信水平下组合的一日 VAR 是 50 万美元，意味着平均每 100 个交易日中仅有 5 天的组合收益或者损失可能超过 50 万美元。风险管理团队的一项职责是在单个组合内和对冲基金管理人全部活动范围内，识别影响对冲基金投资风险和收益的因子。这些因子应包含在风险监控流程中，并在适当条件下包括在市场风险模型中。通常市场风险模型的因子通常包括：

- 股票价格和（或）股票指数。

- 有关货币的利率期限结构的水平和形状。

- 汇率。

- 大宗商品价格。

- 信用利差。

- 非线性（特别是带有选择权元素的金融工具）。

- 波动性。

- 相关性。

风险管理团队也可以考虑将"资产流动性"（如：由资产所处市场的流动性变化导致的潜在损失）视为额外的市场风险因子。资产流动性的度量方法可以包括：

- 被要求清偿和（或）冲抵问题头寸的天数。

- 在规定天数内完全清偿和（或）冲抵问题资产所产生的价值损失。

参数选择

为了计算 VAR，应输入若干参数；这些参数描述了组合的头寸和所处的市场。此外，VAR 的使用者应在过去几年中已成为 VAR 标准形式的三种方法中进行选择：

●方差、协方差。这可能是应用最为广泛的VAR方法，该方法根据历史数据描述了组合中每一头寸的波动性（方差）和相关性（协方差）信息，在组合收益服从正态分布的假设下，估计收益的波动性。它的流程密集度较低，可能是最容易的VAR方法。

●历史数据波动性（Historical Volatility）。采用这种方法，VAR组合实际上根据历史价格被每日重新定价，每日交易价格由此被推导出来并按升序排列。风险估计被置于为分析需要而选择的置信区间内。历史波动性方法的流程密集度非常高，但也被很多人认为是最有效的VAR方法。

●蒙特卡洛模拟法。利用这种方法，组合根据大量随机观测值来重新定价，这些观测值符合标的资产的历史波动规律。类似于历史VAR，观测值被按照升序排列，风险估计被置于适当的置信区间内。历史蒙特卡洛VAR方法通常仅用于比较复杂的非线性组合。

每种方法，如果使用准确并且同对冲基金的风险和资本配置准则保持一致，那么即使它不够完美，也能够成为有效的风险估计方法。

除 VAR 方法的选择外，对于一个给定投资组合，最有可能对 VAR 值产生显著影响的参数是投资期或者持有期（组合清仓或者平仓必需的时间周期），置信水平（组合价值变化超过 VAR 值的概率），以及方差 M 协方差数据（反映单个市场因子的波动和因子间的相关性）。这些参数下文会进一步解释。

投资期

VAR 计算中使用的投资期或者持有期，是为了反映组合头寸清仓（或者平仓）的必要时间。在操作中，如果对冲基金持有交易清淡或者没有流动性的工具，将很难判断清仓或平仓所需要的准确时间和周期。因此，比较好的做法是采用标准持有期（如，在进行基础的 VAR 计算时采用 1 天、3 天、5 天和 10 天，然后通过压力测试法判断组合持有期风险的水平）。

置信水平

不存在决定适当置信水平的数学公式；适当的置

信水平是由机构的业务环境决定的。不同类型的业务应采用不同的置信水平。特定对冲基金的适当置信水平，是由其根据所处的特定环境做出的商业决策。对冲基金管理人的高级管理人员应积极参与制定该决策。

方差 M 协方差数据[1]

尽管测量单个市场因子的风险是重要的（例如市场因子的方差），各个市场因子之间的相关性水平（例如协方差）问题则更加重要，因为相关性对于 VAR 计算的影响非常大。但是，因为历史相关性是不稳定的（特别是在市场承压时期），对冲基金管理人应使用情景分析和压力测试（见下文）查明不准确的相关性假设的影响。

超越单一 VAR 值

对冲基金管理人应懂得，单一的 VAR 数值不足以代表对冲基金面临的全部风险，成功的风险管理要求风险管理团体要同时分析 VAR 对各种市场条件的敏感性和 VAR 计算

---

[1]　参数选择仅适用于方差/协方差矩阵。

的可靠性。

情景分析

根据 VAR 的性质，其计算是基于标准的交易日。而市场承压或者危机时期——最需要关注的时期——却不能够被标准期的数据代表；因此 VAR 值会低估极端市场条件的风险。

为摆脱这一局限性，对冲基金管理人应定期进行情景分析，以确定当前组合在市场承压期的 VAR。

进行情景分析，对冲基金管理人应同时使用历史压力期。如，发生股票市场崩盘的 1987 年 10 月 19 日，1997 年亚洲金融危机，和 2000 年 3 月以后的股票市场下跌期（网络泡沫破灭）。

压力测试

对冲基金管理人应以压力测试的方式，改变 VAR 模型的参数，检验 VAR 值。压力测试允许对冲基金管理人观察当市场因子（如价格、比率、波动性等）的实际值不同于基础 VAR 计算的输入值时，VAR 值将会发生怎样的变化。

在压力测试中应考虑的市场条件的潜在变化是：

- 价格的变化。

- 利率期限结构的变化。

- 不同资产价格的相关性变化。

如果组合包含了期权或者带有期权性质的工具，其他一些变化也需要在压力测试中考虑：

- 波动性的变化。

- 非线性的变化（如凸性或者伽玛）。

对冲基金管理人也应在压力测试中考虑各类资产流动性变化的影响。管理人能够检验持有期变化的影响。几天的持有期可能出现一系列损失（盈利），尽管这些损失（盈利）仅分别服从单日预测分布，但却加总成为不服从市场风险模型预测分布的显著偏差。

与其改变持有期以反映证券或衍生品的低流动性，对冲基金管理人可以通过输入反映多日市场价格变动的（与单日变动相对照）、恰当的市场风险因子变化来估计低流动性的影响。

如果市场风险模型包含了特定资产的流动性因子，可以对这些因子施压以检验以下事件的影响：

（1）在标准持有期内将问题头寸清仓或平仓所导致的价值损失；

（2）对问题资产清仓或平仓的天数的变化。

对冲基金管理人应特别关注当期市场数据间的相关性"故障"。在市场危机期间，资产价格或者比率间的相关性能够戏剧性地和意外地发生改变，导致已经实现分散化，甚至对冲的头寸复合风险增加。尽管很难对冲相关性风险，评估相关性改变的影响的压力测试应允许对冲基金管理人确认，当管理人将资产纳入组合中的时候，对冲基金同时接受了必要水平的相关性风险（并且获得了风险补偿）。

风险度量举例

表2提供了某些关于VAR度量的一般性命题的证明：

● 标准VAR——使用资产的历史波动率计算95%置信区间下的单日VAR，并假设资产间的相关系数为0.3%。

● 承压VAR1——每项资产的波动率增加50%

（例如，资产 1 增加到 45%，资产 2 增加到 37.5%，资产 3 增加到 90%），资产相关系数增加到 0.9。

• 承压 VAR2——重新计算上文所示的资产波动率增加 50% 的 95% 置信区间下的单日 VAR，但是将资产间的相关系数降为 0。

表 2 提供了某些关于 VAR 度量的一般性命题的证明：

• 无论在现货市场（如组合 1）还是期货市场（如组合 2），相同的头寸具有相同的 VAR。该一致性说明现货和期货头寸具有与相同资产有关的同等数量的价格风险，而其他风险因素，例如流动性，则并不相同。

• 无论是否运用杠杆，通过选择高风险资产都能够增加 VAR，如组合 5。

• 对冲并非总能起作用。组合 6 和 7 所进行的对冲，假设资产 1 和 2 是正相关的，在正态分布下（如例证中的相关系数等于 0.3 的时候），尽管组合 6 的头寸规模更大，但资产 1 和 2 的价格共同变动的趋势，使得组合 6 的 VAR 与组合 3 相似。当相关系数增大时（承压 VAR1），尽管市场总体波动性增加了 50%，但对冲效果较好，VAR 相对不变。不过当相关系数变小时，对冲效果减弱，高流动性和低相关性的复合效率导致 VAR 显著增大。正如前面的例证所示，使用期货或者现货市场工具，没有改变市场风险，组合 6 和 7 完全相同的 VAR 再次证明了这一点。

表2　市场风险的度量

	不使用杠杆的现货与期货投资		使用杠杆的现货与期货投资		无杠杆的高风险投资	多/空策略现货与期货投资		账面资产匹配的无杠杆策略	
	现货投资	期货投资	杠杆化的现货投资	期货投资	高风险现货投资	多/空现货投资	多/空混合投资	有对冲的现货投资	有对冲的期货投资
组合	1	2	3	4	5	6	7	8	9
资产负债简表									
资本	100	100	100	100	100	100	100	100	100
负债（直接借入或回购）	0	0	30				30		
投资									
现货市场交易									
资产1	80		120			120	120	100, -20	
资产2					-60				
资产3				80					

	不使用杠杆的现货与期货投资		使用杠杆的现货与期货投资		无杠杆的高风险投资	多/空策略现货与期货投资		账面资产匹配的无杠杆策略	
	现货投资	期货投资	杠杆化的现货投资	期货投资	高风险现货投资	多/空现货投资	多/空混合投资	有对冲的现货投资	有对冲的期货投资
组合	1	2	3	4	5	6	7	8	9
衍生品市场交易									
资产1期货		80		120				100,−20	
资产2期货						−60			
现金	20	92	10	88	20	10	4	10	88
期货保证金	0	8	0	12	0	0	6	0	12
风险度量									
标准 VAR（资产相关系数 = 0.3	2.50	2.50	3.76	3.76	5.01	3.61	3.61	2.50	2.50
承压 VAR1（波动率 + 50%；资产相关系数 = 0.9）	3.76	3.76	5.64	5.64	7.51	3.67	3.67	3.76	3.76
承压 VAR2（波动率 + 50%；资产相关系数 = 0）	3.76	3.76	5.64	5.64	7.51	6.10	6.10	3.76	3.76
夏普比率 1.05	1.05	1.05	1.05	1.32	0.69	0.69	1.05	1.05	

回溯测试　（Back – testing）

比分析 VAR 值敏感性更重要的方法，是采用回溯测试法检验 VAR 的表现。通过比较组合价值的实际变化与 VAR 计算出的变化，对冲基金管理人得以洞察 VAR 模型是否准确度量了对冲基金的风险。

在回溯测试中，组合损失有时会超过 VAR。例如，95% 置信水平下的单日 VAR 应超过组合在每 100 天中的 5 天平均价值变动。当组合的实际价值变化超过 VAR，对冲基金管理人应判断出现差距的原因（例如，是否 VAR 度量有缺陷，或损失仅仅是给定置信水平所允许的）。出现偏差的其他潜在原因还包括：

- 在计算期与观察期之间，组合构成发生了变化。
- 定价模型低估或高估了实际价格。
- 市场发生变化，包括市场风险模型中的波动性、相关性或者流动性因子的变化。
- 模型没能充分捕捉风险源。

将收益与风险联系起来

一开始我们就强调，有效的风险管理要求对冲基金管理人能够识别和理解对冲基金所面对的风险。为此，对冲基金管理人应首先理解对冲基金的各类收入来源，收入的规模及波动性。对冲基金管理人完成此归因分析的一个途径是分解市场因素所导致的组合价值的变化。其目标是如果已知市场因素的变化，判断是否应当预测到实际变化。如果给定组合构成和实际的市场因素变化，组合实际价值变化明显有别于预测值，应对这一差异进行调整。

收益源和风险源的归因流程，将绩效管理和风险管理联系起来。夏普比率被投资者广泛用于度量特定时期内投资组合经风险调整的业绩。[1] 夏普比率的分子是期内组合收益；分母是为实现收益所承担的风险（例如，在过去20年间标普500指数的夏普比率大约是1.2）。投资者较高的夏普比率，因为高夏普比率表明相对于所承担的风险，组合获得了超额收益。

有几种方法可以计算收益与风险。以下是任意投资组合的夏普比率——标记为组合——采用最常用的度量收益和风险的规则进行计算。分子是组合的收益（R_i）减去同

---

[1]　威廉·夏普提出了夏普比率，该比率描述了"收益除以变动率"的度量方法，用于比较投资业绩。

期的无风险收益（R_f）（例如，美国国债等无风险收益证券）；分母所承受的风险用组合每日收益的标准（σ_i）衡量。

尽管 VAR 和夏普比率包含了某些相似的信息，这两种方法却有所不同，并且服务于不同的目标。VAR 主要是一种风险度量工具。夏普比率是结合风险和收益信息的简化度量方法。此外，尽管 VAR 是风险度量方法，夏普比率的分母包含了风险度量，这两种风险度量方法仍然非常不同。夏普比率的分母中所包含的风险度量，是历史风险度量；它刻画了收益的历史真实波动率。相反，VAR 则是对未来预期风险的估计。

资金流动性风险

尽管其他机构也面临资金流动性风险，但对冲基金管理人却进一步将其视为核心关切。因为资金流动性问题能够迅速增加对冲基金的失败风险。正如在以下专题中描述的那样，资金流动性的缺乏能够将对冲基金置于危机境地。

流动性危机的周期

对冲基金管理人应当关注风险的汇集（如，市场或者信用风险事件影响使用杠杆的低流动性头寸）。这些事情的汇集可能迫使对冲基金平仓，此时由于出现大量清仓指令，市场价格出现急速下跌。这一情形可以分解为三个阶段：

1. 一项损失成为触发事件。

2. 由于出现这项损失，对冲基金需要紧急清仓。这可能是由于对冲基金需要向对手方支付保证金，也可能是由于出现损失投资者要求赎回资金。

3. 市场对于对冲基金这一行为的反应导致对冲基金的净资产值进一步下跌。显然，对冲基金试图出售的资产数量或者速度超过了市场流动性的承受能力，导致资产价格继续下跌。对冲基金净资产值同步下降，引发了新一轮为满足保证金要求或者投资者赎回的清仓需求。如果其他市场参与者掌握了对冲基金头寸的信息，这一螺旋式下降过程可能还会恶化。当清仓效应对对冲基金持有头寸的价值产生的影响，大于清仓本身所产生的现金流需求，对冲基金就陷入了加速螺旋式下降过程，最终它将不可能满足债权人或投资者的要求。一旦损失超过临界点，它将演变为由流动性需求促成的、独立存在的危机。该需求是由对冲基金的债权人或者投资者需求所引致的。

鉴于资金流动性风险如此重要，对冲基金管理人应集中大量精力和资源管理该风险。有一系列方法可以供对冲基金管理人跟踪资金流动性风险。管理人应通过跟踪现金头寸，监控基金内可能的流动性（如，现金和高信用等级发行人发行的短期证券）及其借贷能力（如，在保证金规则下或信用额度内的借款）。

在度量有效流动性之外，对冲基金管理人也应当监控相对流动性。对冲基金管理人应将流动性度量联系起来（现金或现金＋借贷能力）除以流动性需求。以下是反映对冲基金潜在流动性需求的指标：

● 权益或者净资产值。通常，规模较大的对冲基金需要更高水平的流动性。但是在市场承压期，对冲基金的流动性需要不仅由组合规模决定，也由其持有的资产属性决定（还有赎回需求）。因此，对冲基金管理人需要度量能够反映组合风险的潜在流动性。

● 历史最严重损失。这一指标提供了风险度量方法和对冲基金在过去曾经需要的流行性数量。但是，该方法是回溯的风险度量法，或许不能反映对冲基金当前的风险敞口。

VAR。如前文所述，VAR是当前使用最广泛的预测性市场风险度量方法。因此，跟踪现金或现金与借贷能力之和同 VAR 的比率，可以使对冲基金管理人知道基金的流动性相对于其流动性需求是在上升还是在下降。

流动性度量举例

表3 包含了根据本部分所论述的5种度量方法计算的九个风格组合的流动性。

有效流动性采用非保证金的现金和现金加上资产借贷能力来衡量。对于三种现货市场资产，假设可借入资金额为多头头寸的50%（即如果三种资产是股票，则假设需遵守监管规则 T（Regualtion T）的保证金要求）为简化起见，空头头寸要求提供50%保证金，从而使得50%的空头头寸可以用于为多头头寸融资，或者直接获取现金。

融资流动性风险的几个特征被风格化组合所证明。

在其他条件相同的情况下，期货（和一般衍生品）要求对冲基金管理人开始可以使用比现货市场交易更少的现金建立头寸。组合 1 和 2 证明了这一说法。但是，市场风险、融资流动性风险和杠杆之间的关联性并没有受到影响。尽管现货头寸在开始时使用比期货头寸更多的现金，但如果基础资产价值发生显著变化，对期货头寸追加保证金的要求，将对对冲基金的现金头寸产生较大影响。

在原始资本额相同的情况下，使用杠杆会同时消耗借贷能力和增加 VAR；因此，有效流动性度量及相关的估计表明流动性将会下降。

相对于使用期货实现同一策略，在现货市场使用杠杆将更快地减少可用现金的数量。为组合 3 增加传统资产负债表中的杠杆（例如使用保证金账户购买资产），会迅速减少绝对的和相对的流动性，因为在这一过程中消耗了现金或者借贷能力。组合 4 在使用期货时采用了相同的经济杠杆，但是流动性的减少效应要弱得多。上文第一点中关于期货保证金的提示，在此同样适用。

尽管持有资产的数量保持不变，相对流动性（例如，VAR/现金＋借贷能力）反映了投资高风险资产的影响。组合 5 表明，虽然绝对流动性与组合 1 相同，流动性相对于

VAR 而言还是减少了（例如，流动性占可用现金的比例更高）。

组合 6 和 7 再次说明相同的市场风险组合表现出不同的资金流动性风险特征。组合 7 使用期货卖空资产 2，并借款买进资产 1，其流动性低于在现货市场卖空资产 2 的组合 6。区别很简单，期货（和一般衍生品）的空头不能够产生现金。

通过观察相对流动性的变化，可以对资金流动性有更多了解。随时间推移而变化的相对流动性是显著的，而且与有效流动性（Effective Liquidity）保持一致（例如，资产流动性好，管理人就倾向于利用该流动性）。

除单纯监控流动性外，对冲基金管理人应从几个维度管理流动性。首先，对冲基金管理人运用已有经验判断应保持的流动性水平，以充分应对损失风险和投资者赎回的可能性。其次，对冲基金管理人应加强同信用提供方的沟通，根据相互关系的性质，向对方提供基金风险和流动性简况。对冲基金管理人应积极管理（监控）保证金账户中的现金。类似地，在适当情形下就抵押资产折扣率、主经纪人提高保证金率的速度和双边抵押品协议进行谈判，以尽可能降低流动性枯竭的可能性。

表 3 流动性的度量

	不使用杠杆的现货与期货投资		使用杠杆的现货与期货投资		无杠杆的高风险投资	多/空策略现货与期货投资		账面资产匹配的无杠杆策略	
	现货投资	期货投资	杠杆化的现货投资	期货投资	高风险现货投资	多/空现货投资	多/空混合投资	有对冲的现货投资	有对冲的期货投资
组合	1	2	3	4	5	6	7	8	9
资产负债简表									
资本	100	100	100	100	100	100	100	100	100
负债（直接借入或回购）	0	0	30				30		
投资									
现货市场交易									
资产 1	80		120			120	120	100, −20	
资产 2					−60				
资产 3				80					
衍生品市场交易									
资产 1 期货		80		120			100, −20		
资产 2 期货						−60			
现金	20	92	10	88	20	10	4	10	88
期货保证金	0	8	0	12	0	0	6	0	12
标准 VAR（资产相关性 = 0.3）	2.50	2.50	3.76	3.76	5.01	3.61	3.61	2.50	2.50

	不使用杠杆的现货与期货投资		使用杠杆的现货与期货投资		无杠杆的高风险投资	多/空策略现货与期货投资		账面资产匹配的无杠杆策略	
	现货投资	期货投资	杠杆化的现货投资	期货投资	高风险现货投资	多/空现货投资	多/空混合投资	有对冲的现货投资	有对冲的期货投资
组合	1	2	3	4	5	6	7	8	9
流动性度量									
可用流动性的度量									
现金	20	92	10	88	20	10	4	10	88
现金＋借贷能力	60	92	40	88	60	70	34	60	88
相对流动性的度量									
现金/净资本（％）	20	92	10	88	20	10	4	10	88
（现金＋借贷能力）/净资本(％)	60	92	40	88	60	70	34	60	88
VAR/（现金＋借贷能力)(％)	4.2	2.7	9.4	4.3	8.3	9.0	10.6	4.2	2.8

杠　杆

正如建议中说明的，杠杆既不是特殊定义的概念，也不是可用于独立评估风险的方法。然而，由于杠杆能够对三类可量化的风险源——市场风险、信用风险和流动性风险——产生影响，因此它对于对冲基金管理人而言也是十分重要的。

杠杆不是特殊定义的概念。例如，各种各样的杠杆度量方法被用于银行和金融领域。这些方法，正如下文将详细描述的，可以是基于财务报表的（也被称为基于资产的），基于风险的，或者基于投资者的。基于财务报表的方法试图以"用于投资的借贷资金"这一传统概念来理解杠杆。使用借贷资金（或等价物）可以使投资者在给定的权益资本水平下控制更多资产。基于财务报表的杠杆度量法，与一些资产权益比值方法有关。通过使用传统的基于财务报表的杠杆，相对于权益的收益和风险都被放大了。基于风险的杠杆度量法，强调与杠杆有关的其他方面，即组合价值变化所带来的破产风险。基于风险的度量方法，同对冲基金承担的、相对于权益（或者流动性）的市场风险有关。尽管这些方法是有用的，但它们却并没有提供任何关于借贷资金在破产风险中作用的信息。基于投资者的杠杆，度量了进入对冲基金的资金使用杠杆的程度。没有任何单一的度量方法能够捕捉市场参与者、监管者或者观察家们的杠杆概念中应包含的所有要素。事实上，有些例子旨在减少风险的交易，并且在减少其他风险的同时，增加了杠杆程度。因此，杠杆本身并不能够独立成为有用的理念，因而应当在市场、信用和流动性风险敞口可以量化的情况下对它进行评估。

在持续追踪和使用基于财务报表的杠杆度量方法时，对冲基金管理人应关注与相对于对冲基金承受能力的组合风险有关的杠杆度量方法（例如，度量应包括市场风险与组合资产有关的信用风险和资金流动性风险要素），因为传统的基于财务报表的杠杆不一定能够反映破产风险。准确地说，一只使用 2 倍杠杆的对冲基金并不一定比另一只不使用杠杆的基金承担更多风险，或者更有可能面临流动性问题。如果使用杠杆的基金投资于政府债券，但没有使用杠杆的基金投资于股票，基于财务报表的杠杆度量方法将得出关于两只基金风险的错误结论。在这个意义上说，基于财务报表的杠杆度量方法可被证明是存在不足的，因为它们传递的关于组合资产性质和风险的信息过少。

基于风险的方法度量了市场风险（通常是 VAR），并与度量承担风险的资源（现金或权益）相关联。但是，基于风险的方法因此将几个风险维度有效浓缩进一个简单的数字，其结果是一些细节被遗漏了；杠杆的特殊效应同市场、信用和流动性风险维度相互交错。进一步地，考虑两只具有相同的基于风险的杠杆的对冲基金。一只基金使用借贷资金投资于"低风险"策略，使用了2倍的会计杠杆；但另一只基金没有使用杠杆，却投资于"高风险"策略（例如，宏观方向），并保留大量现金储备。一个是"高风险"、"高现金"，另一个是"低风险"、"低现金或高借贷"，两只基金的基于风险的杠杆相同。这一比较说明了杠杆度量方法之所以不能够独立发挥作用的第二个原因——综合的度量方法混淆了多个风险维度的影响。评估杠杆的作用需要更多的信息。

基于财务报表的杠杆度量方法

存在一些得到广泛应用和普遍接受的基于财务报表的杠杆度量方法。除了对手方和信用提供方通常要求使用这些度量方法以外，一个强有力的理由是它们能够帮助理解杠杆的风险内涵。这在跟踪会计杠杆和基于风险的杠杆时尤显正确。

某些会计度量方法也能够提供关于对冲基金以回购协议、卖空或衍生品形式存在的直接或间接信用的信息。但是，应当认识到即便这些基于财务报表的度量方法也存在严重缺陷，特别是独立的杠杆度量方法。最广泛应用和普遍接受的、基于财务报表的杠杆度量方法涉及对冲基金资产负债表中的项目。

●相对于权益的总资产负债表资产：表内总资产或权益。这一直接度量方法可以利用公开资产负债表很容易地计算出结果；但是，它不能够包含对冲基金有效杠杆的两个要素：

Ｍ表内对冲的风险减少效应。在资产负债表内进行对冲操作，增加了表内资产和杠杆值，尽管该操作实际上可以抵消其他资产的风险。

Ｍ资产负债表中没有记录衍生工具的全部名义金额。这一度量方法可能低估对冲基金真实的经济风险。

●相对于权益的净资产负债表资产：（表内资产Ｍ对应的账面资产）/权益。尽管这一度量方法要求提供关于对冲基金组合头寸的更详细信息，但是它将账面资产所反映的冲销和直接对冲涵盖在内，提供了针对总资产或权益方法缺陷的部分解决方案。但是，对冲基金有效杠杆的要素仍然没能包括在内：

Ｍ这一方法没能反映组合相关性或者对应账面资

产定义之外的、不够直接的对冲。

M 这一方法没有涵盖表外工具。

其他一些基于财务报表的度量方法，已被提出可以反映表外交易（例如，远期合约、掉期和其他衍生品）。

基于风险的杠杆度量方法

基于风险的杠杆度量方法，反映了对冲基金的组合风险，以及对冲基金承担风险影响的能力之间的关系。虽然不是唯一可以使用的方法，不过为对冲基金的权益提供了度量风险承受力的有用方法。但是，有多种不同的市场风险度量方法可供使用：

● 组合价值波动性/权益。这是在给定区间内相对于权益的、真实的波动性。尽管它很有用，但也招致批评。因为它是一种回溯性的度量方法，如果组合构成发生变化，或者未来的市场条件与历史条件不同，这种方法的作用会降低。此外，它没能将融资从对冲基金风险的影响分离出来，因为它包括了融资资产。

● VAR/权益。这一方法描述了对冲基金承受典型市场波动的能力。对这一方法的批评，主要是它没有反映对冲基金组合在极端市场条件下所面临的风险。

●情景驱动的市场风险值/权益。为评估极端事件的影响，可以采用极端事件情景分析（或者压力测试）支持下的市场风险度量方法计算杠杆值。该方法为高级管理人员提供对冲基金承受极端市场事件能力方面的信息。

杠杆度量方法举例

表4包括了采用本部分所介绍的全部基于财务报表的杠杆度量方法和两种基于风险的杠杆度量方法所计算的杠杆值。请注意组合8和9的净资产杠杆和净会计杠杆并不相关，因为这些组合的多头和空头头寸在现有会计规则下可以结清。

可以以几种方式解释杠杆：使用借贷资金建立更大规模的资产头寸；使用经济杠杆增加给定市场价格变动对对冲基金权益价值的影响。案例中的组合描述了基于财务和基于风险杠杆的几个共性特征：

●最常用的杠杆度量方法——总资产负债表杠杆（或资产/权益），不能说明资产种类或者风险量。案例中，组合1，2，4，5，9的总资产负债表杠杆是相同的，虽然各个组合的风险和投资策略显著不同。类似地，尽管组合 8 的假定风险量与组合 1 相同，但二者的总资产负债表杠杆不同。

净资产负债表杠杆度量方法的目的是调整对应账面资产。组合 8 的净资产负债表杠杆与总资产负债表杠杆的比较，为其提供了一个实例。

总会计杠杆汇总了资产、负债和期货，没有关于投资策略（现金与期货）或者组合市场风险方面的信息。请注意根据 VAR 试题出的风险最大组合——组合 5，会计杠杆最低。类似的，组合 1 和 2 风险较低，但是二者的总会计杠杆却相差 80%。

通过比较组合 8 和 9 的总会计杠杆和净会计杠杆的差别，可以看到净会计杠杆对相应账面资产和用于对冲表内头寸的衍生品的调整。请注意该方法没有反映用于冲销相同期货头寸所使用的期货（例如，组合 9 中的相应期货）。基于风险的杠杆度量方法更好地反映了特定策略的风险本质（注意组合 1，2，8 和 9）。但是，它们也遗漏了风险的某些方面特征。例如，组合 3 和 4 具有相同的 VAR/权益，但是组合 3 所采用的现货市场策略使用了更多的现金和借贷能力，因此从流动性观点来看，它承担了更多风险（组合 3 的流动性 VAR 是 9.4%，组合 4 则仅为 4.3%）。

压力和情景分析是流动性和杠杆分析的基本要素。在进入压力情景以前，组合 6 和 7 所采用的多空策略与组合 3 和 4 的基于风险的杠杆值相似。由于对相关性的依赖，组合 6 和 7 的杠杆在市场承压期可能会更高。

表 4　杠杆的度量

	不使用杠杆的现货与期货投资		使用杠杆的现货与期货投资		无杠杆的高风险投资	多/空策略现货与期货投资		账面资产匹配的无杠杆策略	
	现货投资	期货投资	杠杆化的现货投资	期货投资	高风险现货投资	多/空现货投资	多/空混合投资	有对冲的现货投资	有对冲的期货投资
组合	1	2	3	4	5	6	7	8	9
资产负债简表									
资本	100	100	100	100	100	100	100	100	100
负债（直接借入或回购）	0	0	30				30		
投资									
现货市场交易									
资产 1	80		120			120	120		100, −20
资产 2					−60				
资产 3				80					

	不使用杠杆的现货与期货投资		使用杠杆的现货与期货投资		无杠杆的高风险投资	多/空策略现货与期货投资		账面资产匹配的无杠杆策略	
	现货投资	期货投资	杠杆化的现货投资	期货投资	高风险现货投资	多/空现货投资	多/空混合投资	有对冲的现货投资	有对冲的期货投资
组合	1	2	3	4	5	6	7	8	9
衍生品市场交易									
资产1期货		80		120				100, −20	
资产2期货						−60			
现金	20	92	10	88	20	10	4	10	88
期货保证金	0	8	0	12	0	0	6	0	12
标准VAR（资产相关性＝0.3）	2.50	2.50	3.76	3.76	5.01	3.61	3.61	2.50	2.50
杠杆的度量									
基于会计的度量方法									
总资产负债表杠杆	1	1	1	1	1	2	1	1	1
净资产负债表杠杆								1	1
总会计杠杆	1.00	1.80	1.60	2.20	1.00	2.20	1.00	1.40	2.20
净会计杠杆								1	2

195

	不使用杠杆的现货与期货投资		使用杠杆的现货与期货投资		无杠杆的高风险投资	多/空策略现货与期货投资		账面资产匹配的无杠杆策略	
	现货投资	期货投资	杠杆化的现货投资	期货投资	高风险现货投资	多/空现货投资	多/空混合投资	有对冲的现货投资	有对冲的期货投资
组合	1	2	3	4	5	6	7	8	9
基于风险的度量方法									
VAR/资本（%）	2.50	2.50	3.76	3.76	5.01	3.61	3.61	2.50	2.50
压力1VAR/资本（%）	3.76	3.76	5.64	5.64	7.51	3.67	3.67	3.76	3.76
压力2VAR/资本（%）	3.76	3.76	5.64	5.64	7.51	6.10	6.10	3.76	3.76

尽管前述杠杆度量方法是对冲基金管理人最常用的，但其他一些方法也可以用于分析杠杆。事实上，由于市场风险、资金流动性风险和杠杆之间存在内在联系，第 4 部分描述的度量资金流动性的方法，特别是相对于 VAR 的现金与借贷能力之和，也可以被对冲基金管理人用于观察对冲基金的杠杆。

动态杠杆度量方法

影响对冲基金抵御极端市场状况能力的决定性因素，是对冲基金调整其基于风险的杠杆的程度，这一点在市场承压期尤其重要。

假设权益不变，对冲基金管理人有两种方式可以减少基于风险的杠杆：

● 如果对冲基金管理人希望继续保持现有投资策略，可以通过表内或表外交易减少传统杠杆，进而是减少基于风险的杠杆。

● 对冲基金管理人可以通过减少已经承受的风险（如，改变策略，或者组合中的资产类型），来减少基于风险的杠杆。为了跟踪对冲基金能够调整的基于风险的杠杆的程度，对冲基金管理人应跟踪基金的跨时市场风险敞口（如 VAR）的变化。

以下两种方法可以用于跨时跟踪市场风险度量和对冲基金管理人调整杠杆的行为之间的关系。两种方法都考虑了短期间隔（1 天，2 天，…，1 周）；都假设权益不变：

● 组合市场风险的变化。在组合的市场风险增长期之后，紧随着出现了市场风险减少期，说明对冲基金管理人具有在市场承压期对组合实施去杠杆化的能力（市场风险度量可以采用 VAR，或者在相关时期的可观察的组合价值波动）。

● 市场风险变化与随后的现金与借贷能力之和的变化之间的关系。在其他条件相同的情况下，如果对冲基金管理人能够减少组合的基于财务报表的杠杆，将会导致现金或者借贷能力的增加。因此，若现金和借贷能力紧随市场风险的增加而增加，说明对冲基金管理人以减少杠杆的方式对市场压力作出了反应。

对手方信用风险

对冲基金管理人参与了与多个对手方的交易，包括银行、证券公司、交易所和其他金融机构。由于对手方失败而造成对冲基金损失的风险，构成了对手方信用风险。

信用风险存在于几乎所有与第三方的交易中，包括证券结算和衍生品交易，回购协议，抵押协议和保证金账户。在衍生品合约价值出现波动时，一个对手方对另一对手方的敞口将在合约存续期发生改变，因此信用风险也存在于开放的衍生品头寸中。对冲基金管理人应清楚并跟踪特定对手方（可能的话，包括世界范围内不同地区的对手方）的信用风险集中度。

在对冲基金管理人决定应如何参与特定对手方交易时应考虑的一个因素是对手方违约将给对冲基金带来的损失。这取决于对冲基金面向对手方的敞口的规模，以及违约的可能性（如，对手方的资信）。评估面向特定对手方的敞口，应包括对以下敞口要素的分析：

●当前重置成本。如果对手方即时破产，对冲基金被迫在市场中重置合约，由此给对冲基金造成的损失。

●潜在敞口。如果对手方没有立即违约，而是在未来某个时间违约，由此出现额外敞口的概率估计。潜在敞口尤其适用于敞口是相互的、且在合约到期前有可能发生实质性变化的衍生品交易。

●损失概率。对手方在相关时间范围内违约的可能性。它是对手方当前信用资质、交易时长和可能的交易性质的函数。

●风险缓释和留档。抵押品、轧差条款或者其他信用增强措施减少了面向对手方的敞口规模。通过商谈有关文件中的双边冲销和抵押品条款，建立文件管理流程以确保交易得到持续和及时的记录，对冲基金管理人能够大大减少面向对手方的信用敞口。

附件二

对冲基金投资者尽职调查问卷样本

本尽职调查问卷样本是由 MFA 在咨询了对冲基金会员及代表对冲基金投资者的外部团体之后编写和发布的。问卷中的问题是潜在投资者在投资一只对冲基金以前希望考虑的。特别地，我们尝试找到那些可能帮助补充或者提供对冲基金发行文件以外的细节问题。

我们认为对冲基金对于资本市场是有价值的，它们为投资者提供了有价值的多元化组合和风险管理。我们的目标是为对冲基金的潜在投资者提供一份问卷，投资者可以参考问卷，在投资某只对冲基金以前对其进行尽职调查。

MFA 成员有不同的策略、投资类型、风险容忍度和法律结构。因此，本问卷仅为投资者着手尽职调查提供基础，但它并不是一个详细清单。我们鼓励在涉及对冲基金投资的尽职调查中使用本文件，但是也强烈建设使用者修订这份文件，以满足其特定需要和解决他们认为对于一项对冲基金投资而言十分重要的其他问题。本文件作为附件一，包含在 MFA 的《对冲基金管理人操作规范》（2007 年版）中。

在回答本问卷中任何问题或者其他问卷以前，对冲基金管理人必须考虑适用的安全法律及自身的责任。因此投资者应当记住，对冲基金管理人可以根据业务和法律及监管责任，对问卷中的任何问题或者其他问卷做出他认为适当的修改。另外，对冲基金管理人可以出于保密的考虑，选择不回答某个特定问题。对冲基金管理人在问卷中提供的任何信息仅截止到问卷完成之日，对冲基金管理人没有义务更新或者补充已经给出的答案，并且没有义务保证问卷完成以后所提供答案的准确性。

关于 MFA

MFA 是全球另类投资行业的代言人。它的成员包括服务于对冲基金、对冲基金之基金和管理期货基金的专业人士。MFA 创立于 1991 年，是政策制定者和媒体的首要信息来源，也是有效商业实践和行业成长的主要倡导者。MFA 的会员代表了世界上绝大多数大型对冲基金集团，它们所管理的资产是全球大约 2 万亿美元绝对收益策略投资中的重要组成部分。

MFA 的总部位于华盛顿，在纽约设有办事处。（如需更多信息，请联系管理基金协会的政府关系团队，电话：202 – 367 – 1140；或者访问我们的网站：*www. managedfunds. org.*）

本文件仅用于提供信息，不是而且不应当被用作买卖任何实体或者投资工具的任何利益的要约。任何买卖要约仅能依据适用投资工具的、保密的私募备忘录来制定。本文件作为一个整体，仅限于用作上述备忘录的参考文件。如果本文件和备忘录内容不一致，则以备忘录为准。本文件并不是对对冲基金管理人和（或）下属机构或者客户业务的完整描述。因此，本文件不包含可能对您评估有用的所有重要信息，根据问题的格式，它仅包括概述和分类。

投资管理人概览

A. 基本信息

1. 公司名称：

2. 公司总部：

3. 代理人：

4. 代理人地址：

5. 联系人：

6. 联系电话：

7. 传真：

8. 电子信箱：

B. 公司描述

请提供对公司的简要描述。

C. 投资管理人实体和组织结构

请描述投资管理人或顾问的有关实体，以及它们的所有权结构。在过去三年中，这些实体本身或者它们的所有结构是否发生过重要变化（增加或者减少）？

D. 人员

1. 请简要描述公司关键投资人员的背景。

2. 如果公司关键投资人员曾在过去三年中由于非正常原因离职，请予以解释。

3. 请描述公司的监督结构（如管理委员会）。

4. 公司总共有多少名辅助投资管理的员工？多少职能？如果公司或其下属机构有多个办公地点，这些员工是如何分布的？

E. 服务提供商

1. 审计机构

a. 谁来审计公司管理的投资工具？

b. 在审计关系之外，审计机构是否与公司或其下属机构存在从属关系或者任何商业联系？公司或其下属机构是否还利用审计机构或其下属机构从事其他业务，例如咨询服务、财务报表制作或者纳税服务？如果是，请做出描述。

c. 当前的审计机构在过去三年中每年都对公司的投资工具进行审计吗？如果不是，请描述造成审计合约变化的原因。

d. 公司所管理的任一投资工具曾经收到过高质量的审计意见吗？如果是的话，请做出描述。

e. 审计机构曾经要求公司所管理的任一投资工具对财务报告或者经营业绩进行重述吗？如果有的话，请做出描述。

2. 公司曾与任何第三方营销代理人签订过协议吗？如果是的话，请描述协议的条款。

3. 谁担任公司的法律顾问？

4. 公司是否将任何会计或者运营职能外包给第三方？如果是的话，请做出描述。公司定期评估这些服务提供商的表现吗？如何进行评估？

F. 合规系统和在监管机构的注册

1. 请描述公司的合规制度。公司有指定的首席合规官吗？如果有，请简要描述他（她）的背景，并解释他（她）是否承担除合规事务以外的其他职责？

2. 公司或任何其下属机构在监管机构注册了吗？如果是的话，请描述。如果公司没有在美国证监会以投资顾问的名义注册，请解释公司所享有的豁免权，以及它是否会在未来12个月内进行注册。

3. 公司有且定期评估书面的合规规则和程序吗（包括道德准则）？如果不是，请解释。

4. 公司有关于处理和保护重要的非公开信息的书面规则吗（包括员工教育流程）？如果没有，公司是如何保护重要的非公开信息的，这些流程是如何传达给员工的？

5. 公司有关于员工个人账户交易的书面规则吗？如果有，请做出描述。如果没有，个人账户交易受到监督吗？有关行为准则是如何传达给员工的？

6. 公司有关于提供和接受礼物及娱乐方面的书面程序吗？如果没有，如何监督此类行为，行为准则是如何传达给员工的？

7. 公司有书面的反洗钱程序吗？有指定的反洗钱合规官吗？如果没有，是如何进行反洗钱检查的？

8. 请描述公司目前所有的软美元安排。

9. 请描述公司目前所有重要的指定经纪商安排。

G. 法律诉讼

1. 在过去五年中：（a）曾有针对公司、主要或关键员工或公司任何下属机构的刑事或行政诉讼或调查吗？（b）曾有针对公司、主要或关键员工或公司任何下属机构、且出现不利判决的民事诉讼吗？如果有，请做出描述。

2. 就公司现有了解，存在针对公司、主要或关键员工或公司任何下属机构的未决刑事或行政诉讼吗？

3. 有严重影响公司所管理的基金或者账户的不利判决吗？

H. 基础设施与控制

1. 请描述公司当前的、组合管理、交易后核对和会计基础设施，指出任何重要的第三方软件的使用情况。

2. 交易一般是如何执行的？请描述。通常运用何种类型的控制手段帮助阻止违规的例外情况发生？

3. 请描述标准的交易对账流程和频率。在这一流程中，通常如何进行责任分割？

4. 请描述如何批准在公司管理的投资机构内部及面向外部合作方的现金或其他资产的转账。通常采用哪些控制手段防止发生违规转账事件？

5. 请描述公司如何控制交易错误。

6. 公司或其下属机构有失误保险吗？

I . [1] 业务持续性

公司有书面的 BC/DR 计划吗？如果没有，公司怎样最大化其能力，以从业务停顿中恢复？

II . 投资管理人行为概览

A. 所管理的投资机构

1. 请描述投资管理人所管理的主要投资机构。

2. 投资管理人所管理的累积资产有哪些？

3. 公司管理独立账户吗？如果是的话，请做出描述。

4. 投资管理人或者他的员工在所管理的投资机构中是否存有利益？如果是的话，总体利益规则有多大？

B. 其他业务

投资管理人实质性参与了不同于资产管理的其他业务

---

① 原文序号如此。——译者注

吗？如果是的话，请做出描述。

C. 利益冲突

1. 请描述你们认为对投资机构管理至关重要的利益冲突。你们是如何解决这些冲突的？

2. 公司与所管理账户或投资机构之间进行交叉交易或者主要交叉交易吗？如果是的话，通常采用哪些控制手段保护参与的投资机构或者账户？

3. 公司有作为经纪自营商或者执行代理人的下属机构吗？如果有，这些经纪自营商或执行代理人：（a）代表公司所管理的投资机构执行交易吗？（b）在公司所管理的投资机构不是执行代理人或经纪自营商唯一所有人的情况下，他（们）向投资机构收取佣金、溢价执行交易或相反，或者收取其他费用吗？如果是的话，请描述这些安排。

Ⅲ. 基金信息

A. 基金概览和投资方法

1. 请描述基金的法律结构。

2. 请简要描述基金所使用的投资策略。

3. 基金通常交易哪些类型的金融工具？

4. 基金通常在哪些市场进行交易？

5. 基金一般大约持仓多少？

6. 请描述资产组合周转情况。

B. 基金的资本和投资者基础

1. 基金的资本基础是什么？

2. 基金现有多少投资者？

3. 如果基金是包括美国和非美国从属实体的主从结构，有多少比例的资本投资于美国基金？多少投资于非美国从属基金？

C. 基金条款

1. 基金中存在多个利益阶层或者从属实体吗？

2. 请列出每一利益阶层或者从属实体。

a. 最低投资额；

b. 管理费；

c. 业绩管理费，包括必要收益率，高基准线和损失结转；

d. 赎回条款——包括费用、锁定期、闸门条款或者其他限制条件。

3. 投资管理人能够推迟赎回，推迟支付赎回收入、以实物支付赎回收入，或者偏离上述 2（d）中所描述的赎回条款吗？如果能的话，请做出描述。

4. 赎回闸门过去曾经关闭过吗？如果是的话，在什么情况下闸门会关闭？现在闸门是否已经升起？如果是的话，在什么情况下闸门会升起？

5. 公司通常向基金收取额外费用吗？包括运营费、审计费、行政管理费、基金组织费、法律费用、销售费用、工资、租金或者其他费用？如果是的话，请进行描述。在过去三年中每年此类支出的总额占基金资产的比例是多少？

6. 公司关于侧袋账户的规则是什么？是否有投资者支付的费用或者遵守的赎回条款同前文所述存在重大区别？如果是的话，请做出描述。

D. 历史业绩

请提供基金的业绩历史记录。

E. 风险管理

1. 请描述公司的风险管理哲学情况，并论述公司在管理基金的下述风险敞口时所采用的方法，股票、利率、货币和信用市场风险，融资和对手方风险，以及操作风险。

2. 公司依赖第三方执行任何部分的风险管理职能吗？

3. 公司在风险管理中使用哪些类型的风险度量方法。

F. 估值

1. 请描述基金头寸估值流程，包括对没有市场价格的头寸的估值流程。请特别论述估值频率和在估值流程中是否使用第三方服务，如果是的话，如何监督第三方？

2. 自公司成立以来，基金管理人曾经对财务报表或者前期经营业绩进行过重大重述吗？如果是，请做出描述。重述是外部审计公司进行审计的结果吗？

G. 基金服务提供商

1. 如果基金聘用了行政管理人，请提供他的联系信息。

2. 请提供与基金法律顾问有关的信息。

3. 请提供基金首席经纪商的名称。

H. 投资者沟通

目前基金提供哪些与投资者沟通的方式，频率如何？

图书在版编目（CIP）数据

对冲基金管理人操作守则／美国管理基金协会编；
张跃文译 . —北京：社会科学文献出版社，2014.1
ISBN 978 - 7 - 5097 - 4897 - 8

Ⅰ.①对…　Ⅱ.①美…②张…　Ⅲ.①对冲基金 - 基
金管理　Ⅳ.①F830.593

中国版本图书馆 CIP 数据核字（2013）第 171024 号

对冲基金管理人操作守则

编　　者／美国管理基金协会
译　　者／张跃文

出 版 人／谢寿光
出 版 者／社会科学文献出版社
地　　址／北京市西城区北三环中路甲 29 号院 3 号楼华龙大厦
邮政编码／100029

责任部门／经济与管理出版中心　　　　　责任编辑／许秀江　刘宇轩
　　　　　（010）59367226　　　　　　责任校对／谢　华
电子信箱／caijingbu@ ssap. cn　　　　责任印制／岳　阳
项目统筹／恽　薇
经　　销／社会科学文献出版社市场营销中心（010）59367081　59367089
读者服务／读者服务中心（010）59367028

印　　装／三河市东方印刷有限公司
开　　本／880mm×1230mm　1/32　　印　　张／7.625
版　　次／2014 年 1 月第 1 版　　　　　字　　数／121 千字
印　　次／2014 年 1 月第 1 次印刷
书　　号／ISBN 978 - 7 - 5097 - 4897 - 8
定　　价／45.00 元